Vera F. Birkenbihl

# Zahlen bestimmen Ihr Leben

**Vom gleichen Autor bei der Modernen Verlagsgesellschaft erschienen:**

## Taschenbücher

*Freude durch Streß*
ISBN 3-478-02544-3

*Kommunikationstraining*
ISBN 3-478-03040-4

*Psycho-logisch richtig verhandeln*
ISBN 3-478-03050-1

*Erfolgstraining*
ISBN 3-478-03150-8

*Stroh im Kopf?*
ISBN 3-478-03670-4

*Signale des Körpers*
ISBN 3-478-02282-7

*Der persönliche Erfolg*
ISBN 3-478-08410-5

## Seminare in Buchform

*Fragetechnik schnell trainiert*
ISBN 3-478-07150-X

*Kommunikation für Könner schnell trainiert*
ISBN 3-478-07350-2

## Toncassetten-Programme

*Sprache als Instrument des Denkens*
ISBN 3-478-06290-X

*Gekonnt entscheiden*
ISBN 3-478-06340-X

*Persönlichkeits-Training*
ISBN 3-478-06300-0

*Rhetorik-Training*
ISBN 3-478-06310-8

Vera F. Birkenbihl

# Zahlen bestimmen Ihr Leben

## Numerologie – Ein Weg zu mehr Menschenkenntnis

mvg verlag

CIP-Titelaufnahme der Deutschen Bibliothek

**Birkenbihl, Vera F.:**
Zahlen bestimmen Ihr Leben : Numerologie – ein Weg zu mehr Menschenkenntnis / Vera F. Birkenbihl. – 4. Aufl. – München ; Landsberg am Lech : mvg-Verl., 1989
(mvg-Paperbacks ; 271)
2. Aufl. u. d. T.: Birkenbihl, Vera F.: Zahlen bestimmen dein Leben
ISBN 3-478-02712-8
NE: GT

4. Auflage 1989



Umschlaggestaltung: Gruber & König, Augsburg
Druck- und Bindearbeiten: Presse-Druck Augsburg
Printed in Germany 020712/1089802
ISBN 3-478-02712-8

# Inhalt

# Vorwort zur vierten Auflage

Ziel und Zweck dieses Büchleins ist es keinesfalls, Sie zu einem enthusiastischen Anhänger der sogenannten Numerologie (d. h. des uralten ›Geheimwissens‹ um die Zahlen) zu machen. Vielmehr:

1. Dieser Text soll **Ihnen helfen, sowohl Ihre Selbsterkenntnis als auch Ihre Menschenkenntnis** (letzteres ohne Selbstkenntnis ist sinnlos) **spielerisch zu erweitern,** was übrigens enorm positive Auswirkungen auf Ihren Umgang mit anderen sowie auf den **Erfolg** in Ihrem Leben haben kann (vgl. besonders Kapitel 10!).
2. Außerdem will dieses Büchlein eine Hinführung zur Numerologie sein, falls diese uralte ›Wissenschaft‹ Sie dann später doch reizen sollte.

Denn im Rahmen dieses Textes dient die Numerologie eigentlich ›nur‹ als ›Vehikel‹ zum besseren Kennenlernen seiner selbst und seiner Mitmenschen sowie als Hilfestellung für mehr Erfolg im Leben. Um zu erklären, wie ich die Numerologie als ›Vehikel‹ für derartige Zielstellungen entdeckte, muß ich Ihnen kurz schildern, wie die Numerologie überhaupt in mein Leben kam:
Während meines Studiums in Amerika lernte ich einen Numerologen kennen. Als man mich diesem Mann vorstellte, bemerkte er spontan, daß ich ein >Fünfer< sein müsse. Wir zählten meine Schicksalsnummer aus (s. Kap. 1) und sahen, daß er recht hatte. Alsdann gab er mir meine Schicksalsanalyse (s. Kap. 2 und 3), und wieder stellte ich fest, daß ausgesprochen viele Aussagen genau zutrafen. Mein Interesse war geweckt.

In den Staaten ist die Numerologie, der >kleine Bruder< der Astrologie, in weiten Kreisen verbreitet. Also besorgte ich mir einige Bücher und begann systematisch >Leute auszuzählen<. Es war ein spannendes Spiel. Dann begann ich auch, meine >Analysen< mit den Betroffenen zu besprechen. Immer wieder sahen wir, daß vieles zutraf, wenn auch nicht alles. Aber wir stellten etwas anderes fest, was sicher noch wesentlicher war:

Durch die >numerologische Detektivarbeit< setzen wir uns intensiver mit uns und anderen auseinander als wir dies je vorher getan hatten. Wir erstellten Psychoprofile von uns und anderen, indem wir notierten, wo die Bewertung stimmte und wo nicht. So halfen wir uns gegenseitig, den >blinden Fleck< zu verkleinern, daher konnten wir gewisse Schwächen herauskristallisieren, die der einzelne vielleicht nicht so ohne weiteres zugeben wollte oder konnte. Auf diese Weise lernte jeder von uns in einigen Tagen und Wochen sich selbst besser kennen als in Jahren zuvor! Außerdem ermöglichte die >Numerologie< offenere und ehrlichere Gespräche über uns selbst als dies je zuvor der Fall gewesen war.

Last, not least lernten wir, andere gezielter zu beobachten, weil wir ja nach gewissen Tendenzen suchten, die sie laut numerologischer Analyse aufzeigen sollten. Also sahen wir mehr als vorher, da wir unsere Mitmenschen jetzt mit einem >Leitfaden< beobachteten.

Diese Selbstinventur, diese spielerische Analyse und die Gespräche, die daraus resultierten, halfen einem jeden von uns:

- sich selbst besser kennenzulernen
- seine Stärken und Schwächen genauer zu erkennen
- als Folge davon: realistische Ziele aufzustellen
- andere aufmerksamer zu beobachten und dadurch
- unsere Menschenkenntnis zu erweitern sowie
- offen und ehrlich über uns und andere mit Freunden zu sprechen, was vielen von uns bei ihrer Selbsteinschätzung und Fremdbeurteilung sehr geholfen hat!

Seit dieses Büchlein zum erstenmal erschien, insbesondere zu der Zeit, als sieben Zeitschriften daraus Serien gemacht haben, wurde ich immer wieder gefragt:

1) **Sind Sie eine ›echte‹ Numerologin?**, und:
2) **Wie kommen denn *Sie* als Management-Trainerin der ›Top-Etagen‹ und als ›seriöse Autorin‹ zahlreicher Sachbücher und Ton-Kassetten** (vgl. Seite 106) **dazu, ›so ein‹ Buch zu schreiben?**

Wer dieses (neue) Vorwort (zur vierten Auflage) bis hierher gelesen hat, kennt die Antwort auf beide Fragen inzwischen! Und wer meine anderen Bücher/Kassetten kennt, wird sich ebenfalls kaum mehr wundern. Denn durch *alle* meine Arbeiten – im Seminar wie auf Papier – zieht sich wie ein roter Faden meine grundsätzliche Zielstellung:

Ich möchte meinen Seminar-Teilnehmern und meinen Lesern Informationen anbieten, die erstens *hilfreich* sind, und die zweitens *gehirn-gerecht* ›verpackt‹ sind (vgl. mein Buch: *Stroh im Kopf? – Gebrauchsanleitung fürs Gehirn).* Denn ich vertrete die Überzeugung: Informationsvermittlung muß weder langweilig, noch schwierig, noch ›trocken‹ sein! Daher ist mir fast ›alles‹ recht, was mir hilft, meinen Lesern etwas nahezubringen. Im vorliegenden Fall also die Numerologie! Ich meine nämlich: **Wenn die Numerologie uns hilft, uns und unsere Mitmenschen aufmerksamer zu betrachten bzw. unseren Erfolg gezielter anzugehen** (s. Kapitel 10) – **dann kann sie für meine Teilnehmer und Leser als ›Vehikel‹ empfohlen werden, und zwar: ohne Vorbehalte! Ohne daß auch nur ein einziger Teilnehmer oder Leser dabei zu einem ›echten‹ Numerologen werden muß!**
Trotzdem werde ich immer wieder gefragt: *Ist an der Numerologie jetzt etwas ›dran‹ oder nicht?* Ich persönlich finde das nicht wichtig, denn ich meine, es kommt vielmehr darauf an, was der einzelne mit ihr ›macht‹, als auf die Numerologie selbst. Aber wenn die Antwort auf diese Frage *Sie* brennend interessiert, dann lesen Sie bitte den Anhang. Dort finden Sie auch gezielte Hinweise (vgl. das Literatur-Verzeichnis S. 138/139) auf andere Bücher, die zum Einstieg geeignet sind. Damit können Sie den Weg so weit gehen, bis Sie die Frage selbst beantworten können.

Jedenfalls gilt: Im Haupttext dieses Büchleins wird alles so formuliert, als seien die Aussagen der Numerologie ›erwiesen‹.

Denn, wie bereits erwähnt, benutzen wir die Numerologie als ›**Vehikel**‹ um uns und andere besser kennenzulernen.[1] Wir könnten auch sagen als ›**Spielzeug**‹, denn gerade der spielerische Umgang mit der angewandten Psychologie macht die Auseinandersetzung so leicht. Wir könnten die Numerologie jedoch genausogut als ›**Instrument**‹ bezeichnen, wie eine Brille, die einem Farbenblinden einen Reichtum an Farbtönen zeigt, von dem er vorher nie geahnt hatte, daß es diese Nuancen überhaupt geben könnte. Mit anderen Worten:

Dieses Büchlein ist lediglich ›bedrucktes Papier‹. Was Sie damit anfangen werden, liegt allein bei Ihnen. Daher kann ich sagen: Ich wünsche Ihnen **viel Entdeckerfreude und Faszination** und/oder **viel Spaß** und/oder **viele tiefe Erkenntnisse** und/oder **viele Hilfestellungen bezüglich Ihres Erfolges** (Kap. 10).

Anders ausgedrückt: Ich wünsche Ihnen, daß dieser Text Ihnen eine Menge zu geben vermag; Ihnen und Ihren Freunden, Familienmitgliedern, Kollegen, usw. Er hat sich in der Vergangenheit als hervorragender ›Eisbrecher‹ bei Seminaren und Partys erwiesen; er hat jedoch auch vielen Menschen tiefe Einsichten über sich und andere ermöglicht. (Bis jetzt wurden **bereits über 42000 Exemplare** dieses Büchleins aufgelegt!)

Wie ernst oder heiter *Sie* es jetzt angehen wollen – möge dieses **Zahlen-**Buch auch Ihnen **zahl**-reiche faszinierende Stunden bieten!

Vera F. Birkenbihl, Herbst 1989 Odelzhausen b. München

[1] Übrigens: Da es sehr umständlich wäre, in den Kap. 4 und 8 immer ›er bzw. sie‹ oder ›er/sie‹ zu sagen, verwende ich durchgängig ›er‹ (im Sinne von: der Mensch, den wir gerade auszählen). Ansonsten spreche ich Sie, liebe Leser, sowieso persönlich an (z. B. Sie sind merkurischer Natur: voller Geist, Witz, Schnelligkeit...).

١
٢
٣
٤
٥
٦
٧
٨
٩

# ERSTER TEIL
# Schicksalsanalyse

## KAPITEL 1

## Ihre Schicksalsnummer

Wir unterscheiden die Schicksalsanalyse von der Namensanalyse. Erstere wird in den Kapiteln 1–3 durchgeführt; letztere in den Kapiteln 4–8.

Man sagt, daß die Schicksalsnummer die *genetischen Anlagen und Grundtendenzen* der Persönlichkeit festlegt, während die Namensanalyse auswertet, was die Person daraus entwickelt hat. Wenn Sie sich einmal mit Handlesen beschäftigt haben, wissen Sie, daß man auch hier die Anlagen in der linken Hand sucht, während man in der rechten Hand nach der Entwicklung forscht.

Lesen Sie also zuerst Ihre Schicksalsanalyse, ehe Sie beginnen, Ihre Namensnummer zu errechnen( Kapitel 4). Dann vergleichen Sie: Ist Ihre Entwicklung völlig anders verlaufen, als die Grundtendenzen es anzeigten? Wenn JA, dann fragen Sie sich:

- ☐ Ist die Entwicklung positiver?
- ☐ Ist die Entwicklung negativer?

Lautet die Antwort ›positiver‹, dann können Sie ja zufrieden sein. Sollte sie jedoch ›negativer‹ lauten, dann wäre es vielleicht gut, sich einmal gezielt damit auseinanderzusetzen. Fragen Sie sich, ob Sie sich vielleicht auf Gebieten zu betätigen versuchen, für die Sie nicht so sehr geeignet sind. Ob Sie vielleicht gegen Ihre Anlagen arbeiten, also gegen den ›Strom des Lebens‹ schwimmen wollen. Dies könnte eine Quelle etwaiger Unzufriedenheit, Disharmonie oder gar von Niedergeschlagenheit darstellen.

## Wie errechnet man seine Schicksalsnummer?

Die moderne Numerologie rechnet nur noch mit den Ziffern 1–9, so daß alle größeren Nummern auf diese reduziert werden müssen. Die einzige Ausnahme besteht in der Analyse Ihres Tages der Geburt (Kapitel 3), die der Schicksalsanalyse folgt.

Das Errechnen ist sehr einfach. Nehmen Sie einen Stift zur Hand, verfolgen Sie unser erstes Fallbeispiel und schreiben Sie dann rechts von unserem zweiten Fallbeispiel Ihre eigenen Daten daneben. So führen Sie die Transaktion parallel zum zweiten Beispiel durch.

Zunächst schreiben wir das Geburtsdatum auf, wobei wir darauf achten, daß wir die Jahreszahl voll aufführen (z. B. 1897 oder 1955), nicht etwa nur '97 oder '55.

| | |
|---|---|
| Tag der Geburt: | 26 |
| Monat | 04 |
| volles Jahr | 1946 |

Dann addieren wir die Zahlenkolonne. Das sieht dann so aus:

$$\begin{array}{r} 26 \\ 04 \\ \underline{1946} \\ 1976 \end{array}$$

Nun addieren wir die einzelnen Ziffern, so daß wir die Quersumme von 1976 erhalten:

1 + 9 (10) + 7 (17) + 6 (23)

Da auch diese Summe mehr als eine Ziffer hat, machen wir erneut die Quersumme:

$$2 + 3 = 5$$

Somit wissen wir, daß die Schicksalsnummer eines am 26. 4. 1946 Geborenen die Fünf ist. Wir nennen ihn auch einen Fünfer.

Nun folgt unser zweites Fallbeispiel links, damit Sie rechts parallel Ihre eigenen Daten eintragen können:

| Fallbeispiel: | | Meine eigene Nummer: |
|---|---|---|
| Tag der Geb. | 30 | __________ |
| Monat | 12 | __________ |
| volles Jahr | 1921 | __________ |
| Summe: | 1963 | __________ |

Davon jetzt die Quersumme:
1 + 9 (10) + 6 (16) + 3 = 19 __________

Wieder die Quersumme:
1 + 9 = 10 __________

Wenn diese Quersumme aus mehr als einer Ziffer besteht (auch die Null muß weg!), dann machen wir noch eine Quersumme:
1 + 0 = 1 __________

Somit wäre unser Fallbeispiel ein Einser. Was sind Sie? __________

Zum Lesen Ihrer Schicksalsanalyse brauchen Sie zwei Nummern:

1. Ihre Schicksalsnummer, die Sie soeben errechnet haben. Tragen Sie diese bitte hier ein:

2. Den Tag Ihrer Geburt, als Zusatznummer. Hier wird keine Quersumme gemacht, auch wenn die Zahl eine zweistellige ist. Tragen Sie diese Zahl jetzt hier ein:

Nun können Sie ihre Auswertungen in den Kapiteln 2 und 3 lesen. Wenn Sie auch einige Familienmitglieder oder Freunde auszählen wollen, tragen Sie deren Nummern zur Erinnerung hier ein:

Schicksalsnummern meiner Familienangehörigen/Freunde:

Name: ______________________________ Nr.: ________

Name: ______________________________ Nr.: ________

Name: ______________________________ Nr.: ________

Name: ______________________________ Nr.: ________

Name: ______________________________ Nr.: ________

Name: ______________________________ Nr.: ________

Name: ______________________________ Nr.: ________

**KAPITEL 2**

# Ihre Schicksalsanalyse

Hinweis: Lesen Sie, nachdem Sie Ihre Schicksalsnummer gelesen haben, sofort Ihre Tagesanalyse des Geburtstages (Kap. 3) durch.

## Schicksalsnummer 1: Der Pionier – intellektuell + maskulin

● Himmelskörper: Sonne

Sie sind ein Pionier, ein geborener Führer von Menschen. Sie haben eine sehr positive Natur und eine starke Individualität. Ihr Platz ist der Pilotensitz, denn Sie haben das Ruder des Lebensschiffes stets selbst in der Hand (während andere gerne mitreisen). Sie dienen ungern und unterwerfen sich nie – was gelegentlich auch Nachteile haben kann.

Sie sind ein schöpferischer, origineller Mensch. Sie besitzen eine gewisse Grundaggression, die Ihnen Kraft gibt, Ihre Ideen auch in die Wirklichkeit umzusetzen.

Ehrgeiz und Erfolgsstreben sind Schlüsselworte in Ihrem Leben. Dadurch werden Sie motiviert, auf gewisse Ziele hinzuarbeiten, die Sie sich gesteckt haben. Sie erwarten nichts umsonst. Sie sind bereit, hart zu arbeiten und sich immer weiter zu entwickeln.

Ihre Fähigkeit, Menschen zu führen, wird sich immer durchsetzen, ob Sie nun Kopf eines Unternehmens oder einer Familie sind; immer arbeitet (oder lebt) man gerne unter Ihrer Führung.

Die Werkzeuge Ihres Strebens sind Entschiedenheit, Entschlossenheit und Willensstärke, weil Sie Ihren Willen und Ihren Glauben hervorragend koppeln können (s. Kapitel 10).

Wenn jedoch nicht alles nach Wunsch verläuft, neigen Sie dazu, dominierend zu werden und voreilig zu handeln. Es ist weiser, dem anderen entgegenzukommen, statt ihn zwingen zu wollen!

Außerdem neigen Sie dazu, recht kritisch zu sein und von Ihren Mitmenschen sehr (oder sogar zu) viel zu verlangen. Trotzdem aber fällt es Ihnen selbst besonders schwer, Kritik von anderen zu akzeptieren. Denn im tiefsten Innern sind Sie äußerst sensibel, wenn Sie dies nach außen auch gut verbergen können.

Folgen Sie den großzügigen Impulsen Ihres Herzens, und Sie werden Freunde haben!

(Jetzt gleich den Tag der Geburt nachsehen, Kapitel 3.)

## Schicksalsnummer 2: Der Helfer – gefühlsbetont und feminin

● Himmelskörper: Mond

Sie werden, was Sie erreichen wollen, auch erhalten, ohne es fordern zu müssen, denn Ihre beiden hervorstechendsten Charaktermerkmale sind Takt und Diplomatie.

Schlüsselwort Ihres Lebens ist Kooperation. Sie haben mehr Erfolg, wenn Sie mit anderen zusammenarbeiten, als alleine. Sie sind besonders befähigt, schwierige Aufgaben zu erfüllen, wenn auch die originale Idee häufig von einem anderen konzipiert wurde.

Was Sie ganz besonders belastet, ist Disharmonie, Streit und zwischenmenschlicher Ärger jeder Art. Deshalb sind Sie immer

bemüht, Frieden zu stiften. Sie haben eine natürliche Grazie und ein besonderes Mitgefühl für andere; zwei Züge, die Sie zum geeigneten Freund, Helfer und Gastgeber machen.

Sie sind nicht aggressiv. Sie erzwingen nichts. Sie nehmen ein, d. h., vieles kommt Ihnen ›zugeflogen‹, wofür andere hart kämpfen müssen.

Wenn Sie sich gut fühlen, strahlen Sie Charme und Fröhlichkeit aus sowie eine wunderbare Übereinstimmung mit sich und Ihrer Umwelt. Das alte Symbol der Nummer zwei war die Seele, denn Sie bringen tote Formen zum Leben. Sie können in anderen das Feuer des Enthusiasmus entzünden.

Obwohl Sie am besten mit anderen zusammenarbeiten, können Sie sehr wohl allein und auf eigenen Füßen stehen. Sie können sogar sehr unabhängig sein, aber nur, wenn Sie trotzdem genau wissen, ›wo Sie hingehören‹.

Der beste Hammer kann ohne Schmiede nicht auskommen.

Sie helfen, damit aus hartem Eisen weiche Formen gemacht werden können!

Da Sie ein sehr gefühlsbetonter Mensch sind, wirkt sich dies positiv auf Ihre Umwelt aus, wenn Sie sich gut fühlen. Aber vergessen Sie nicht, daß Sie genauso ansteckend auf andere wirken können, wenn Sie gerade eine negative Stimmung erleben. Daher könnten Sie für launisch gehalten werden.

Setzen Sie Ihren Takt und Ihre Diplomatie optimal ein!

(Jetzt gleich den Tag der Geburt nachsehen, Kapitel 3.)

## Schicksalsnummer 3: Der Künstler – Das Gesetz der Liebe

● Himmelskörper: Jupiter

Sie leben der Selbstverwirklichung. Geistige Dinge werden immer eine wesentliche Rolle in Ihrem Leben spielen. Sie sind bereit, die Dinge klar und ehrlich zu betrachten (statt sich selbst zu belügen, wie so viele Menschen). Es ist Ihnen klar, daß das Leben nicht immer nur Sonnenschein und Spaß sein kann. Wenn aber Angenehmes kommt, dann verstehen Sie es wirklich, es zu genießen (was erstaunlich wenige Menschen heutzutage wirklich können).

Sie sind unerhört vielfältig angelegt: Sie haben so viele Talente, daß es schwierig ist, eins auszuwählen und voll zu entwickeln. Immer versuchen Sie, sich irgendwie auszudrücken.

Sie lernen schnell und leicht, fast ohne Anstrengung. Allerdings sind Sie kein Theoretiker, denn Sie dringen letzten Endes nie so tief in ein einzelnes Fachgebiet ein, daß Sie darin zum absoluten Spezialisten würden. Sie wollen sich einer Sache nicht so ausschließlich widmen, weil Sie immer noch irgendwelchen anderen Interessen nachgehen wollen.

Sie sind ein geselliger und unterhaltsamer Mensch. Daher fällt es Ihnen leicht, neue Freunde zu gewinnen. Die meisten

Menschen, die Sie kennen, mögen Sie gerne. Ausnahmen bilden Leute, die Ihre Auffassung nicht teilen können. Man könnte Sie nämlich manchmal für oberflächlich halten, weil Sie auf so vielen Gebieten etwas wissen und weil Sie es verstehen, dieses Wissen so lässig anzubringen. Auch wenn Sie dazu neigen, von Thema zu Thema zu springen. Ihr Enthusiasmus ist ansteckend, aber er bleibt nie lange an einer Sache hängen. Sie suchen das Neue.

Sie lehnen sich nicht gegen das Schicksal auf. Sie versuchen, Ihren eigenen Weg zu gehen. Ihr Witz und Ihre scharfe Beobachtungsgabe kann Sie allerdings gelegentlich überkritisch werden lassen. Dann kann es passieren, daß Sie manchen vorschnellen, bissigen Kommentar loslassen. Übrigens könnten Sie gerade wegen dieser Fähigkeit und Ihrer Vielseitigkeit einen ausgezeichneten Kritiker abgeben (Film, Buch, Musik oder Theater). Andere besonders geeignete Laufbahnen wären für

Sie: Vortragender oder Unterhalter in irgendeiner Form, ob Schauspieler, Lehrer, Komiker oder Pfarrer.

Liebe ist eine Notwendigkeit in Ihrem Leben. In Zeiten, wo Sie ohne einen Partner auskommen müssen, mit dem Sie ein tiefes Gefühl emotionaler Verbundenheit verbindet, ist das Leben für Sie leer und öde.

(Jetzt gleich den Tag der Geburt nachsehen, Kapitel 3.)

## Schicksalsnummer 4: Der Erbauer – Arbeit und Organisation

● Himmelskörper: Saturn

Schlüsselworte in Ihrem Leben sind Gleichheit und Gerechtigkeit.

Sie bauen immer auf einem gesicherten Fundament auf, für sich und andere. Ihr Leben ist voller Arbeit, die Ihnen Freude macht. Sie zeichnen sich durch besondere Geduld aus sowie durch Ihr Streben und Ihr Bedürfnis, anderen hilfreich zur Seite zu stehen.

Methode und Logik sind Ihre Werkzeuge. Sie sind in der Lage, ein Problem Schritt für Schritt anzugehen.

Sie sind ein treuer Freund, auf den man sich immer verlassen kann. Allerdings stellen Sie Ihre Gefühle anderen gegenüber nicht sehr demonstrativ zur Schau, so daß man lange braucht, bis man weiß, was für ein guter Freund Sie wirklich sein können.

Manchmal laufen Sie Gefahr, durch zu konservatives Denken eingeengt zu werden. Es kann Ihnen auch passieren, daß Sie eine Kleinigkeit überbewerten und dadurch das große Ziel zeitweilig aus den Augen verlieren. Manchmal ist es weiser, *mit* der Strömung zu schwimmen, statt zu versuchen, den Strom umzuleiten. Wenn Sie es vermeiden, anderen Ihre Ideen aufzwingen zu wollen, können Sie Reibungen aus dem Wege gehen, die sonst Ihren Erfolg verhindern könnten.

Ihre größte Möglichkeit, sich selbst auszudrücken, finden Sie in Formen und Design. Sie können das Konzept eines anderen (sei er nun Künstler oder Architekt) sofort vor Ihrem geistigen Auge entstehen sehen. Dann helfen Sie, in Ihrer praktischen Art das Projekt auch tatsächlich entstehen zu lassen.

Sie erfüllen Ihre Pflichten gewissenhaft und scheuen Verantwortung, die andere Ihnen einmal auferlegt (und die Sie akzeptiert) haben, nicht. Wo immer ein verläßlicher Mensch gebraucht wird, sind Sie zur Stelle. Sie erledigen alle Arbeiten gewissenhaft, sauber, gründlich, aber gleichzeitig kreativ.

Bei Ihnen besteht eine gewisse Neigung, daß Sie anderen wesentliche Erfolge ermöglichen, weil diese auf dem, was Sie ›gebaut‹ haben, aufbauen; daß man Ihnen diese Vorarbeit aber nicht dankt, weil Sie zu bescheiden sind. Also, aufpassen, daß man Sie nicht ausnützt!

(Jetzt gleich den Tag der Geburt nachsehen, Kapitel 3.)

## Schicksalsnummer 5:
## Der Schreiber – Sammeln von Erfahrungen

● Himmelskörper: Merkur

Sie sind ›merkurischer‹ Natur: voller Geist, Witz, Schnelligkeit, Enthusiasmus und Energie.

Das Leben ist für Sie aufregend und abenteuerlich. Sie erleben Ihr Leben bewußt und meistern es gerne. Die ständigen Veränderungen, die Sie immer begleiten, verbinden sich harmonisch mit Ihrer Natur. Sie erfreuen sich an Aktivitäten aller Art und sind gerne Mittelpunkt einer Gruppe.

Freiheit ist Ihr Geburtsrecht. Sie erlauben nichts und niemandem, Ihr Recht, in Freiheit zu leben, zu beeinträchtigen. Allerdings können Sie manchmal auch ein wenig stur sein, wenn man Ihnen raten will.

Ihre Suche nach dem Glück ist ein endloser Pfad guten Humors (den Sie auch nach Krisen schnell wieder finden), des Geistes und der Freude.

Natürlich haben Sie auch Ihre ernsten Momente, denn Sie sind sehr geistvoll und intelligent und ein absoluter Meister im Gebrauch von Worten. Worte sind Ihr natürliches Metier und Element. Sie können es in jedem Beruf zur höchsten Spitze bringen, solange Ihre Arbeit mit Worten zu tun hat, d. h. auf gutem Vokabular oder rednerischen bzw. vokalen (oder schriftstellerischen) Fähigkeiten beruht. Sei das nun die Seelsorge, das Lehren, Dozieren, Singen, Unterhalten oder eines der Gebiete der Schriftstellerei.

Ihre unwahrscheinliche Vielseitigkeit auf dem Gebiet der Sprache kann Ihnen jedoch auch Schwierigkeiten bereiten, denn zuweilen sind Sie versucht, über Themen zu sprechen, in denen Sie nicht so bewandert sind. Oder aber Sie lassen bissige und sarkastische Bemerkungen gegen jemanden los, der weniger fähig ist als Sie.

Eine gewisse Neigung zur Inkonsequenz liegt in Ihrer Natur. Diese können Sie jedoch positiv für sich nutzen, indem Sie sich bemühen, Standpunkte zu ändern, wenn Neuerungen und Fortschritt zeigen, daß frühere Meinungen nicht mehr haltbar sind. Das heißt, daß Sie es lernen, mit Veränderungen zu wachsen (geistig/seelisches Wachstum).

(Jetzt gleich den Tag der Geburt nachsehen, Kapitel 3.)

## Schicksalsnummer 6: Der Menschenfreund – Das Lehren

● Himmelskörper: Venus

Sie haben vornehme Ideale und eine hohe Zielsetzung im Leben. Sie sehen eine Ihrer Hauptaufgaben darin, andere eine positive Philosophie (z. B. Liebe zum Mitmenschen) zu lehren. Ihr Ziel ist es immer, anderen zu helfen und Gerechtigkeit für sie durchzusetzen und/oder zu erkämpfen.

Schönheit und Harmonie sind für Sie so wesentlich wie die Luft, die Sie einatmen. Daher sind Sie immer darauf bedacht, sich mit Schönem (Ästhetischem) zu umgeben, besonders in Ihrer Wohnung und Freizeit. Zuerst etablieren Sie eine glückliche Zufriedenheit zu Hause, dann in Ihrer unmittelbaren Umgebung, und erst wenn dies geglückt ist, wenden Sie sich Ihrer

Umwelt zu. Alles Rohe, Geschmacklose und Vulgäre empfinden Sie fast als körperlichen Schmerz!

Sie haben eine tiefe Liebe für die Kunst und die Musik. Entweder Sie drücken diese aus, indem Sie auf einem der beiden Gebiete schöpferisch-aktiv tätig werden, oder aber, indem Sie zu einem leidenschaftlichen Bewunderer und/oder Genießer werden.

Materielle Güter sind für Sie sehr wichtig, solange man mit ihnen die eigene Sicherheit festigen kann. Deshalb versuchen Sie, solche Güter auch zu erhalten und sie gegen Negatives zu verteidigen. Wenn Sie aber solche materielle Sicherheit besitzen, denken Sie nicht weiter darüber nach.

Die Selbstlosigkeit, durch die Sie sich auszeichnen, macht Sie zu einem hervorragenden Berater der Jugend oder zu einer Vertrauensperson der Alten. Wenn Sie Kritik üben müssen, ziehen Sie es vor, andere positiv zu motivieren (statt ihnen mögliche Fehler nachzuweisen); also mit Lob, statt mit Tadel zu arbeiten.

Ein gewisses Maß an Verantwortung drängt sich Ihnen immer auf. Sie haben einige Pflichten, die Sie manchmal als Last empfinden; aber Sie lernen es, diese zu akzeptieren.

In der Erfüllung Ihrer Lebensziele finden Sie eine besondere Art von Glück, die nur einem wahren Menschenkenner und -freund zuteil werden kann!

(Jetzt gleich den Tag der Geburt nachsehen, Kapitel 3.)

## Schicksalsnummer 7:
## Der Mystiker – Gesetz der Kultur

● Himmelskörper: Uranus

Sie sind ein grüblerisch veranlagter Mensch, von Natur aus analytisch veranlagt. Sehr bedacht, versuchen Sie immer, den Grund, der dahinter liegen muß, zu finden. Sie sind nicht bereit, oberflächliche Gemeinplätze als ›Wahrheit‹ anzuerkennen. Ihre Meditationen und Analysen werden Sie zu alten und neuen Weisheiten führen, insbesondere Antworten mystischer Natur.

Eine wesentliche Rolle in Ihrem Leben ist die eines Heilenden, Helfenden, Lindernden. An Sie wendet man sich voller Vertrauen, wenn man an Körper oder Seele leidet.

Ihre etwas reservierte Art hebt Sie von anderen ab. Nur ein Mensch, dem Feinheiten nicht entgehen, wird Sie wirklich verstehen. Dies gilt ganz besonders, wenn Sie sich in einer Ihrer ›stillen Stimmungen‹ befinden.

Sie strahlen immer eine natürliche Würde aus, wobei die Stellung und Position, die Sie im Leben einnehmen, überhaupt keine Rolle spielen. Wo immer Sie auftauchen, fließt Ihnen ganz natürlich der Respekt Ihrer Mitmenschen zu.

Ihre Hauptinteressen liegen auf philosophischen und kulturellen Gebieten. Komponieren und Erfinden sind ausgezeichnete Kanäle Ihrer Kreativität, die Ihnen außerdem noch zu materiellen Werten verhelfen können.

Die lieblichen Dinge des Lebens sind sehr wesentlich für Sie. Ohne sie wäre das Leben für Sie nicht lebenswert. Daher sind Sie ein großer Kenner und ausgesprochener Genießer solcher Dinge.

Sie werden in Ihrem Leben manche schwere Lektion lernen müssen. Denn streckenweise scheinen Ihnen sehr viele Behinderungen und Enttäuschungen zu begegnen. Später aber werden Sie aus diesen Erfahrungen profitieren können.

Durch Ihre philosophische Weltanschauung und Ihren Hang zur Mystik verstehen Sie das Leben selbst als die größte Herausforderung, die es zu verstehen und zu meistern gilt.

(Jetzt gleich den Tag der Geburt nachsehen, Kapitel 3.)

## Schicksalsnummer 8:
## Der Erntende – Gerechtigkeit mit Gnade

● Himmelskörper: Mars

Hauptgebiete Ihres Lebens, deren Ernte für Sie eine reiche sein wird, sind: das Gebiet des Studiums und Wissens sowie alle Bereiche von Organisation.

Sie haben die Qualitäten eines Menschen, der unerhört viel schaffen kann. Sie sind tüchtig, fähig und haben eine starke Kombination von Glauben und Wille (s. Kapitel 10), die Ihnen zu einem Leben voller Erfolge und Zufriedenheit verhelfen wird.

Die menschliche Natur verstehen Sie sehr gut. Sie haben auch Verständnis für menschliche Schwächen, und Sie sind gerne bereit, Ihre Kraft dafür zu verwenden, das Los anderer irgendwie zu verbessern.

Ihnen ist eine angeborene Autorität zu eigen, die nie erzwungen wird. Sie machen von ihr mit natürlicher Freundlichkeit Gebrauch, so daß andere nie das Gefühl haben, von Ihnen unter Druck gesetzt worden zu sein. Je größer die Gruppe, mit der Sie arbeiten, desto größer wird auch Ihre eigene Leistung und Ihre Belohnung.

Ob industrielle oder andere (vor allem philantropische) Unternehmen Sie rufen, immer wird man Ihre Führungsqualitäten zu schätzen wissen.

Sie sind unermüdlich. Sie leisten unglaublich viel. Aber Sie haben eine Schwäche: Wenn nicht alles optimal läuft, wenn andere Ihnen zu langsam oder unbeholfen erscheinen, neigen Sie in Streßsituationen dazu, diktatorisch aufzutreten. Sie müssen lernen, mit Ihren Kräften hauszuhalten, denn auch Ihre Energien sind nicht unerschöpflich.

Sie zeichnen sich durch besonderen Mut aus. Sie versuchen, sich und anderen größtmögliche Freiheit zu verschaffen. Sie verstehen das Gesetz der Disziplin, das Ihnen helfen wird, die ungeheuren Kräfte, die Sie besitzen, in Schach zu halten (und ein plötzliches Ausbrechen zu vermeiden).

Ein wesentlicher Teil Ihres Strebens konzentriert sich auf materiellen Besitz. Daher werden Sie am erfolgreichsten sein, wenn Sie es mit praktischen oder materiellen Dingen bzw. Gütern zu tun haben.

(Jetzt gleich den Tag der Geburt nachsehen, Kapitel 3.)

## Schicksalsnummer 9:
## Der Metaphysiker – Karma (Schicksal)

● Himmelskörper: Neptun

Ihr Leben wird von den höchsten Zielen und vornehmsten Idealen bestimmt. Immer versuchen Sie, den Schleier des Geheimnisses zu lüften. Ihre Wißbegierde ist sehr groß. Bei Ihrer Suche nach Weisheit stoßen Sie immer wieder auf das Okkulte, auf psychische oder parapsychische Phänomene.

Dienst oder Dienstleistung sind Schlüsselworte Ihres Lebens oder Berufes, denn Sie wissen, daß alles, was man für andere tut, einem letzten Endes selbst wieder zugute kommt. Ihr Leben ist allumfassend, voller Erfahrungen und niemals langweilig!

Im Sinne des bekannten Bibelwortes verstehen Sie es wirklich, Ihren Nächsten zu lieben. Weil Sie ihn so akzeptieren, wie er ist, statt von ihm zu verlangen, anders zu sein (wie die meisten Menschen es tun!). Diese Liebe bezieht sich nicht nur auf Familie und Freunde, sondern auch auf Fremde, mit denen Sie in Berührung kommen.

Großzügigkeit und Perfektion sind Ihre Ziele, und Sie versuchen, diesen im Rahmen religiöser, mystischer oder okkulter Künste näherzukommen. Sie verstehen auch, daß Zeiten des ›großen Schweigens‹, d. h. des Nachdenkens oder der Meditation, unerläßlich sind, wenn Sie sich weiterentwickeln wollen.

Ihre große Feinfühligkeit sowie Ihr Einfühlungsvermögen lassen Sie leicht auf folgendes ansprechen: Atmosphäre, Stimmung Ihrer Mitmenschen, Umgebung, Farben, Stimmen oder Musik. Sie nehmen auch sehr geringe Feinheiten wahr und sind immer aufnahmebereit für psychische Phänomene. Daher neigen Sie auch dazu, entweder ›himmelhochjauchzend‹ oder ›zu Tode betrübt‹ zu sein. Je mehr Sie jedoch über Philosophie, Religion oder das Okkulte lernen, desto mehr werden Sie diese Neigung in den Griff bekommen.

Liberalität und Freiheit sind Schlüsselworte Ihres Lebens. Sie versuchen, ohne Behinderungen durch das Leben zu gehen. Sie wissen, daß man leicht bepackt schneller reisen kann. Daher sind Sie nicht bereit, große Bürden anderer auf Ihre Schultern zu nehmen.

Eine hervorragende Erfolgschance bietet sich Ihnen, wenn Sie in irgendeiner Funktion in der Öffentlichkeit bzw. Ihrer Gemeinde oder einer Gemeinschaft tätig werden, sei dies als Vortragender, Redner oder als Unterhalter irgendeiner Art.

(Jetzt gleich den Tag der Geburt nachsehen, Kapitel 3.)

## KAPITEL 3

# Analyse des Tages Ihrer Geburt

Im folgenden finden Sie die Analyse des Tages Ihrer Geburt.
Stellen Sie fest:
Wird die Tendenz, die sich in Kapitel 2 abzeichnet, verstärkt oder abgeschwächt?
Wenn die Tendenz abgeschwächt wird, dann achten Sie ganz besonders auf Ihre Namensnummer-Analyse (Kapitel 4 ff.).

### Geboren am 1. eines Monats

Sie zeichnen sich besonders aus durch: Mut, Eigeninitiative und Führungsqualitäten sowie durch organisatorische Fähigkeiten. Sie besitzen einen aktiven, brillanten Geist; Sie sind besonders kreativ (schöpferisch) veranlagt.

Nicht das Befolgen von Anweisungen, sondern das Geben derselben liegt in Ihrer Art. Sie haben Selbstvertrauen. Sie zögern selten und gehen gerne schwierige Probleme an. Ihre Devise: Probleme sind zum Lösen da, nicht zum Verzweifeln!

Etwas zu kurz kommt bei Ihnen die echte Bereitschaft, *mit* anderen *zusammenzuarbeiten* (Kooperation).

### Geboren am 2. eines Monats

Sie sind der geborene Helfer, der *perfekte Partner* und Kollaborateur. Sie führen Pläne, die andere sich ausgedacht haben, gewissenhaft und zuverlässig aus.

Sie sind sensibel und zärtlich. Sie können Ihre Gefühle auch zum Ausdruck bringen.

Sie denken zuerst an den anderen, erst dann an sich selbst. Auch wenn Sie Pläne machen, bedenken Sie immer die Wirkung Ihrer Handlungen auf die Gefühle anderer.

Lernen Sie, daß man Ihre Gutmütigkeit nicht ausnützt!

## Geboren am 3. eines Monats

Sie sind gesellig; Sie sind oft und gerne mit anderen zusammen. Ihr natürlicher Charme gewinnt Ihnen viele Freunde und Bewunderer. Sie sind gerne Mittelpunkt einer Gruppe. Sie sind unerhört vielseitig und vielschichtig. Deswegen laufen Sie Gefahr, nicht zu wissen, welches Ihrer vielen Talente Sie nun wirklich entwickeln wollen.

Lernen Sie, sich nicht zu weiträumig zu verstreuen; d. h., finden Sie *eine Hauptrichtung*, so daß Sie sich nicht verlieren.

## Geboren am 4. eines Monats

Sie sind verläßlich und ehrlich. Sie arbeiten immer korrekt. Sie sind wie ein PETRUS (= Felsen), auf dem (und mit dessen Hilfe) man viel erbauen kann. Sie legen Grundsteine, die anderen erst die Basis zur Weiterarbeit ermöglichen.

Ihr Leben ist intensiv und kreativ. Sie sind mit Dingen beschäftigt, die letztlich immer versuchen, die Welt irgendwie zu verbessern. Sie sind ein *Praktiker* und *Pragmatiker* und daher besonders erfolgreich im Umgang mit materiellen Dingen.

Sie arbeiten sehr gewissenhaft und immer nach einem genauen *Plan.* Sie wollen Gerechtigkeit für sich und andere erreichen.

## Geboren am 5. eines Monats

Sie lieben den Wechsel, die Veränderungen und das Neue. Sie sind vielseitiger als alle an anderen Tagen Geborenen.

Worte sind Ihr natürliches Element. Sie haben großen Erfolg in Dingen, die irgendwie mit *Worten* oder mit rednerischen bzw. vokalen Qualitäten zusammenhängen.

Was Sie tun, tun Sie schnell und einwandfrei.

Sie suchen die Erfahrung. Sie bleiben nicht an einem Ort. Sie reisen viel und gerne mit schnellen Fahrzeugen. Geist und Witz zeichnen Sie aus, was Sie allerdings manchmal dazu verführen kann, anderen mit Ihrer spitzen Zunge weh zu tun.

## Geboren am 6. eines Monats

Ihr Schlüsselwort heißt *lernen* im Sinne von Erfahrungen sammeln. Dadurch erarbeiten Sie sich Weisheit, Charakter und Tiefe.

Sie fühlen sich wohl in Heim und Familie und sind Ihren Lieben gefühlsmäßig immer nahe (auch während einer Abwesenheit).

Sie nehmen die vielen, Ihnen von anderen auferlegten *Verantwortungen* gerne an. Dies allerdings kann andere dazu veranlassen, Ihnen *zuviel* aufzubürden, wenn Sie nicht aufpassen.

Weitere Schlüsselworte Ihres Lebens sind *Ordnung* und *Harmonie.*

## Geboren am 7. eines Monats

Sie sind ein ruhiger, stiller Mensch, der versucht, nicht aufzufallen. Sie interessieren sich mehr für das Tiefergelegene als für Oberflächliches. Sie machen einen ernsten und seriösen Eindruck.

Wenige Menschen nur machen sich die Mühe, Sie wirklich kennenzulernen, denn Sie tragen Ihr Herz nicht auf der Zunge. Deshalb verkennt man Sie oft.

Sie interessieren sich mehr für das Geistig-Philosophische als für das Praktische. Es besteht ein Hang zur Mystik. Auch alles Künstlerische spricht Sie an. Besonders dynamische oder vokale Künste.

Sie neigen dazu, zu introvertiert zu sein und etwas zu wenig in dieser materiellen Welt zu leben. Sie können ein Träumer sein.

## Geboren am 8. eines Monats

Sie sind der geborene *Organisator!* Sie haben Stärke und Durchschlagskraft. Sie können mit angeborener Leichtigkeit führen und sind besonders geeignet, *Gelder* vorsichtig, ehrlich und tüchtig zu *betreuen.*

Wenn Ihre Mitmenschen Hilfe brauchen, kommen sie häufig

zu Ihnen, denn Sie haben Verständnis für Probleme und ausgeprägtes Einfühlungsvermögen für andere Leute und deren Situation. Sie geizen nie mit Rat oder Tat, um jemandem zu helfen.

Als Kopf einer großen Organisation können Sie helfen, deren Ziele zu verwirklichen; egal ob es sich dabei um kommerzielle oder philanthropische Ziele handelt.

## Geboren am 9. eines Monats

*Sympathie* und *Verständnis* zeichnen Sie aus. Das Leben ist voller mannigfaltiger Erfahrungen für Sie. Sie haben einen ungewöhnlichen psychischen (= sechsten) Sinn. Sie lernen sehr leicht in Gebieten der Musik/Kunst/Literatur, deren Schönheit Sie leicht erkennen.

*Reisen* werden Ihre Weltanschauung ausbauen und Ihr Verständnis vertiefen. Sie spielen daher eine große Rolle in Ihrem Leben. Durch die auf Reisen gesammelten Erfahrungen erwerben Sie Toleranz für sich und andere.

## Geboren am 10. eines Monats

In früheren Zeiten wären Sie wahrscheinlich *Alchemist* geworden, denn Ihre besonderen Fähigkeiten liegen darin, gegebene Materialien umzuformen (in eine neue, bessere Form). Alle Arten von *Veränderung* sind Ihr Gebiet. Sie haben die geistige Fähigkeit und die Energie, Vorhandenes zu verwerten.

Sie erreichen *Erfolg* auf Gebieten, vor denen andere Leute Angst haben. Schlüsselwort: *Kreative Originalität.* Sie lieben es, schwierige Probleme anzugehen und sie zu lösen.

Sie haben einen Beschützer-Instinkt. Manchmal allerdings laufen Sie Gefahr, dies zu übertreiben, dann leidet Ihr Prestige. Also *warten,* bis der andere den Schutz auch wirklich sucht, ehe Sie ihn schützen wollen.

## Geboren am 11. eines Monats

Sie haben eine geradezu *magnetische Anziehungskraft.* Ihre *Intuition* ist hochentwickelt. Sie werden von besonders hohen

Idealen inspiriert. Ihre Persönlichkeit scheint Energie zu verströmen, und Sie meistern jede Situation!

*Führungsqualitäten* sind bei Ihnen besonders gut entwickelt. Ihr Geist ist kreativ und originell, außerdem sehr wach und schnell. Sie versuchen, die Ihren zu ver- und umsorgen. Sie sind ein feinfühliger Mensch; daher tun Sie gern für andere Gutes. Sie sind aber auch sehr leicht verletzbar.

*Prestige* bedeutet Ihnen sehr viel. Sie sollten lernen, daß Wunden verheilen und daß niemand unverletzt durch das Leben geht. Man muß nicht nur geben können, sondern auch zu nehmen lernen!

## Geboren am 12. eines Monats

Sie haben eine charmante, freundliche Ausstrahlung auf Ihre Mitmenschen. Viele körperliche und geistige Qualitäten machen Sie besonders anziehend. Sie fällen ausgewogene Urteile und sind durch hohe ethische Prinzipien motiviert.

Sie sind auch gesellig und können an der *Einführung neuer Mode* bzw. *Moden* erheblich beteiligt sein. Sie können lieben und Ihre Liebe auch ausdrücken. Sie sollten allerdings Ihre Energien nicht vergeuden, sonst kann es Ihnen passieren, daß Sie sich irgendwo verausgaben, so daß Sie in einer Situation, an der Ihnen besonders viel liegt, nicht mehr genug Kraft übrig haben.

## Geboren am 13. eines Monats

Es ist ein völlig *unbegründeter Aberglaube,* daß die Nummer 13 eine Unglückszahl sei. Im Gegenteil! Sie, die Sie am 13. geboren wurden, können unerhört viel leisten. Sie können sogar ein *Genie* sein.

Sie lieben es, Leute zu führen, und tun dies mit außerordentlichem Geschick. Andere arbeiten gerne unter Ihnen. Schlüsselwort in Ihrem Leben: *Struktur.* Sie haben eine sehr ausgeprägte Fähigkeit, Pläne und Gedanken zu *formulieren.* Sie führen diese Pläne dann mit Sorgfalt und Umsicht aus. *Präzision* und *Tüchtigkeit* sind weitere Schlüsselworte, die Ihre Anstrengungen krönen und Ihnen mit Sicherheit viel *Erfolg* bringen.

Allerdings neigen Sie dazu, sich zu viel auf bestimmte Leistungen zu konzentrieren. Sie sollten mehr Energien für das Leben an sich, für das Spirituelle oder Gefühlsbezogene im Leben freihalten.

## Geboren am 14. eines Monats

Sie wollen die *Wahrheit* verbreiten. Lügen finden Sie abscheulich; nicht einmal Notlügen wollen Sie gelten lassen. Gerade deswegen könnten Sie ein hervorragender Kritiker werden. Ihr guter Geschmack und Ihr hoher Standard kann anderen helfen, für sich selbst Höheres anzustreben. Sie sind ein lebendiger und schöpferischer Geist. Ihre Phantasie ist sehr fruchtbar; Sie lieben Wechsel und *Veränderungen* sowie *Geschwindigkeit.*

Dieser Hang zu ständigem Wechsel kann Sie jedoch verleiten, vom Pfade Ihrer Leistung abzukommen und den Weg zu verlieren.

## Geboren am 15. eines Monats

*Heim, Familie* und *Freunde* umgeben Sie mit einem angenehmen, sicheren Rahmen, der Sie stärkt, Sie aber nie einengt.

Sie können vieles ertragen und tun dies, ohne zu klagen.

Sie interessieren sich besonders für *Erziehungs-* oder *Rechtsfragen.* Sie können als Sprecher, Redner, Dozent oder Schriftsteller in der Öffentlichkeit erfolgreich werden. Besonders geeignet für Sie ist das öffentliche Medium Rundfunk oder Fernsehen.

Ihre originellen Ideen können Ihnen Erfolg und materielle Güter einbringen. Schönheit in allen Formen zieht Sie an. Es kann allerdings sein, daß Sie durch Ihr übermäßig stark ausgeprägtes *Verantwortungsgefühl* in diesem Bereich zu kurz kommen. Seien Sie weiterhin so nett, aber: *Lassen Sie sich nicht ausnützen!*

## Geboren am 16. eines Monats

Sie sind *schlau, hellwach* und *intellektuell.* Ihnen macht keiner so leicht etwas vor! Deshalb können Sie Ignoranz entkräften und auch abstrakte Probleme durchdenken und meistern. Sie neigen allerdings zur *Ungeduld,* vor allem, wenn Sie sich im Kreise langweiliger und nicht so fähiger Menschen befinden. Sie stechen oft in einer Situation hervor, ohne dies angestrebt zu haben. Allerdings stört Sie das auch nicht, obwohl Sie ein bescheidener Mensch sind, der seine Fähigkeiten nie von sich aus herausstreicht.

Die subtilen Dinge des Lebens ziehen Sie an. Dies kann von einer faszinierenden Kriminalstory bis zur Mystik reichen. Sie sollten manchmal etwas weniger ernst und schwer(mütig) sein. Ihre (zu) häufige und intensive Konzentration könnte u. U. zu Depressionen führen, wenn Sie sich zuwenig entspannen.

## Geboren am 17. eines Monats

Sie haben eine ungeheure *Vitalität* und *Zivilcourage.* Wenn Sie sich wirklich um etwas bemühen, kann der Erfolg nicht ausbleiben. *Erfolg* kommt zu Ihnen aufgrund Ihrer eigenen Ideen und durch die geschickte und gefällige Art, mit der Sie Ihre Ideen an andere verkaufen können. Sie machen einen ausgezeichneten Eindruck auf Ihre Gesprächspartner und kommen immer gut an. Sie haben außerdem den Schlüssel zum *inneren Frieden* gefunden; deswegen kommen Sie so gut mit sich und anderen aus. Ihre Mentalität und Energie spielen Ihnen immer wieder leitende Rollen zu, egal welches Fachgebiet Sie sich ausgewählt haben.

## Geboren am 18. eines Monats

Sie können die ganze Skala von sehr emotional bis zu sehr rational einnehmen. Sie schätzen sowohl das Geistige als auch das Materielle.

Ihr Verständnis ist allumfassend; nichts kann Sie wirklich schockieren oder entsetzen.

In *Vertrauensangelegenheiten* aller Arten zeigen Sie eine

helle, wache Aufmerksamkeit und Umsichtigkeit. Besonders als *Verwalter* von *Geldern* erweisen Sie sich als edler, loyaler Vertrauensmann.

Ihr großes Verständnis kann Sie allerdings dazu verleiten, in weltlichen Dingen nachlässig zu werden. Weil Ihre Ideale so hoch gesteckt sind, sollten Sie sich besonders bemühen, sie nie aus den Augen zu verlieren, wenn Sie mit sich zufrieden sein wollen.

## Geboren am 19. eines Monats

Ihr Symbol ist das sich immerwährend drehende *Rad* der Schöpfung, von der Erschaffung bis hin zur Vollendung. Daher ist gerade Ihr Erfahrungsgebiet sehr weiträumig und umfaßt viele Dinge. Ihre Gefühle sind stark und intensiv, Sie können das gesamte Spektrum von *Liebe* bis *Haß* einnehmen. Sie sind expressiv, d. h., Sie können sich mit Worten gut ausdrücken, besonders dann, wenn Sie *Positives* zu sagen haben. Auch durch Taten drücken Sie positive Gefühle anderen gegenüber aus.

Das *Glück* folgt Ihnen, aber da das Abenteuer Sie ständig lockt, kann es durchaus passieren, daß Sie Ihrem eigenen Glück vorauseilen, indem Sie sich wieder neuen Dingen zuwenden.

Sie sollten etwas mehr darauf achten, eine gewisse Sicherheit und Vorsorge zu erarbeiten (für später).

## Geboren am 20. eines Monats

Sie haben eine besonders ausgeprägte *Willens-Durchschlagskraft,* die nur wenigen Menschen zuteil wird. Man sucht Sie und bittet Sie zu *geben;* sei es auf seelischem, geistigem oder materiellem Gebiet. Sie helfen auch gerne, es liegt in Ihrer Natur.

Sie sind *warmherzig, freundlich, zärtlich* und immer loyal. Keine Notsituation finden Sie unvorbereitet vor. Aber: Geben Sie nicht so viel, daß für Sie selbst nichts mehr übrig bleibt! Nützen Sie Ihre große Kraft und Energie mehr für Ihr eigenes Wohl!

## Geboren am 21. eines Monats

Sie sind ein ausgesprochener *Glückspilz,* denn Sie vereinigen eine interessante Persönlichkeit mit einer geradezu *magischen Anziehungskraft.*

Obwohl Sie gerne selbständig denken und eigene Entscheidungen treffen, können Sie ausgezeichnet mit anderen zusammenarbeiten. Sie sind gesellig. Sie werden gemocht und mögen Ihrerseits viele Menschen, wobei das Geschlecht keine Rolle spielt.

Ihre Talente sind vielfältig. Sie verstehen es auch, sie alle zu vereinigen; sei es im geschäftlichen oder privaten Bereich Ihres Lebens.

Manchmal allerdings haben Sie die Tendenz, sich zu zersplittern. Hüten Sie sich davor! Leiten Sie genügend Energien in *eine* Bahn, wenn Sie es wirklich zu etwas bringen wollen.

## Geboren am 22. eines Monats

*Kraft* und vibrierende *Stärke* gehen von Ihnen aus. Sie vermögen es, Pläne und Projekte zu realisieren, die zu Meilensteinen in der Menschheitsgeschichte werden können.

Sie sind selten von Zweifeln geplagt, denn Sie besitzen das ausgeprägte Selbstvertrauen derer, die mit außergewöhnlichen intellektuellen und emotionalen Fähigkeiten beschenkt worden sind.

Sie können von großer Hilfe sein, wenn man Sie braucht. Sie verlieren aber trotz Ihres Einsatzes für andere Ihre persönlichen Ziele nie aus den Augen.

Sie neigen zu einer eher konservativen Haltung in manchen Dingen. Lassen Sie sich nicht in einem Kloster (von Ideen) einmauern! Bleiben Sie frei, so daß Sie Ihre Aufgaben weiterhin erfüllen können!

## Geboren am 23. eines Monats

Sie sind ein ausgesprochener Gefühlsmensch und daher manchmal Stimmungsschwingungen unterworfen. Diese geben Ihnen eine gewisse Aura, selbst wenn Sie dabei immer etwas unberechenbar bleiben (oder vielleicht sogar gerade deshalb).

Ihr *Vokabular* ist extensiv. Sie können sich ausgezeichnet ausdrücken, sei es Sprechen, Schreiben, Singen, Dozieren oder Lehren.

In kleinen Räumlichkeiten fühlen Sie sich beengt. Sie lieben die Freiheit und lassen sich durch nichts (an)binden. Sie drükken gerne und schnell *Anerkennung* aus. Sie haben viele Bewunderer.

Ihre Liebe zu schnellen Fahrzeugen und Schnelligkeit im Handeln (Tendenz zur Impulsivität) sollte allerdings beachtet werden. Lassen Sie sich nicht von plötzlich auf Sie zukommenden Attraktionen von Ihrer Berufung abbringen!

## Geboren am 24. eines Monats

Ihr größtes Glück finden Sie darin, *andere glücklich zu machen.* Sie lernen gerne und wollen auch anderen zum Lernen verhelfen, was Sie zu einem sehr geeigneten Lehrer macht.

Sie können kooperativ arbeiten. Sie nehmen das Leben ernst, erfreuen sich an kreativen Tätigkeiten und lehnen die Bürde eines sehr vollen Lebens nicht ab. Sie bleiben lieber zu Hause, als glitzernden Attraktionen nachzujagen.

Sie umgeben sich gerne mit den besseren und feineren Dingen des Lebens, und Sie bemühen sich, diese zu erwerben.

Nehmen Sie keine *Verantwortung* auf sich, die man Ihnen nicht aufgetragen hat! Ihre besondere Bereitschaft könnte andere verführen, Sie auszunutzen!

## Geboren am 25. eines Monats

Sie suchen die *Wahrheit.* Ihr Leben ist eine beständige Suche nach Aufrichtigkeit, Loyalität, Ehrlichkeit und nach den feineren Aspekten des Lebens. Sie sind vielen intellektuell überlegen, wobei Sie gleichzeitig eine sehr fein ausgebildete Gefühlswelt bewahren konnten. Daher haben Sie ein tiefes Verständnis für Ihre Umwelt und Ihre Mitmenschen.

Sie haben auch eine ausgeprägte *Phantasie.* Da Sie ein ruhiger Mensch sind, können andere Sie nicht immer verstehen. Sie handeln langsam und wohlüberlegt, stellen aber häufig fest, daß Ihnen mehr Enttäuschung zuteil wurde, als Sie erwartet hatten. Doch dank Ihrer großen *Geduld* werden Sie letzten Endes immer ans Ziel kommen.

Verlieren Sie Ihre hohen Ideale nicht. Gewinnen Sie Freude durch Ihr Verständnis von Dingen, die den meisten Menschen immer unverständlich bleiben werden.

## Geboren am 26. eines Monats

Sie haben eine vitale Natur und unerhört viel *Energie.* Kraft strömt von Ihnen aus wie von einem Dynamo. Dies ist gekoppelt mit Ihrer Fähigkeit, mit anderen zusammenzuarbeiten sowie mit Ihrem großen Bedürfnis, andere all das zu lehren, was Sie wissen. Sie versuchen, anderen dazu zu verhelfen, ihr Leben zu verbessern und sich wohl zu fühlen.

Große Projekte faszinieren Sie. Sie sind glücklich in jeder Form von Unternehmen, das Sie wählen. Ihre *Führungsqualitäten* können in jeder Form von Unternehmung zur Geltung kommen, besonders aber in seelsorgerischen Berufen als Redner, oder aber in Ihrem *eigenen Unternehmen.*

Obwohl Sie sehr zärtlich sind, zeigen Sie dies nicht. Man muß Sie gut kennen, um es zu bemerken.

Von Ihnen kann man manchmal sagen, daß Sie Ihre eigene Stärke nicht kennen. Dies kann dazu führen, daß Sie zu stark auf andere wirken, daß diese dann verschüchtert werden oder sich in Ihrer Nähe minderwertig fühlen. Lernen Sie Ihre Stärken besser kennen, so daß Sie sie besser einsetzen können.

## Geboren am 27. eines Monats

Sie bemühen sich, vielfältige *Erfahrungen* zu sammeln. Sie sind intellektuell ausgerichtet und nehmen *Feinheiten* intensiv wahr. Sie haben *Mitgefühl* für andere. Sie denken tief und intensiv über viele Dinge nach. Ihre *Phantasie* ist sehr ausgeprägt.

Sie können aufgrund einer ersten Skizze ein neues Projekt sofort vor Ihrem geistigen Auge erstehen lassen. Sie verlieren nie die *Übersicht*. Daher sind Sie von langfristigen Plänen und Projekten fasziniert. Außerdem interessieren Sie Dinge, die mit *Distanz* und *Dimension(en)* zu tun haben.

Eine Karriere, die irgendwie mit *Eisenbahnen, Schiffen* oder *Telegraf* bzw. *Fernsehen* zu tun hat, wird Sie mit Sicherheit zum Erfolg führen. Auch das Okkulte und die Mystik interessieren Sie stark. Daher könnten Sie es auch auf diesen Gebieten zu großer Leistung bringen. Vermeiden Sie jedoch, sich zuviel mit sich selbst auseinanderzusetzen, und vergessen Sie das Weltliche nicht zu sehr!

## Geboren am 28. eines Monats

Ihre *Eigenwilligkeit* und *Führungsqualitäten* werden für Sie, wo immer Sie auch stehen mögen, an erste Stelle rücken. Sie sind eine starke Natur und finden Ausdrucksmöglichkeit in Arbeiten organisatorischer Art. Sie arbeiten lieber mit einem netten Partner als ganz allein. Sie haben die Fähigkeit, Dinge zum *Positiven* hin zu verändern. Daher können Sie besonders auf den Gebieten der *Chemie, Physik* sowie allen *Naturwissenschaften* unerhört viel erreichen.

Immer werden Sie in irgendeiner Form positiv verändernd wirksam sein.

Versuchen Sie nicht zu krampfhaft, völlig unabhängig zu werden. Denn: Wenn Sie diese, von Ihnen immer angestrebte Unabhängigkeit erreichen, laufen Sie große Gefahr, Ihre Freunde zu verlieren.

## Geboren am 29. eines Monats

Sie wirken stark, weil Sie eine ausgeprägte Persönlichkeit sind. Wie ein Magnet fühlen andere sich zu Ihnen hingezogen. So können Sie ein derartig großer gesellschaftlicher *Erfolg* werden, daß Sie Gefahr laufen, durch die viele *Aufmerksamkeit,* die man Ihnen schenkt, ›verzogen‹ zu werden.

Sie sind kooperativ, aber mehr im intellektuellen Bereich als in gefühlsmäßigen Dingen. Durch Erfahrungen erarbeiten Sie sich langsam Verständnis für andere. Sie versuchen immer, den Ihrigen viel zu geben und alles Nötige für sie herbeizuschaffen.

Sie neigen ein wenig zu sehr dazu, Ihre Freunde und Bekannten analysieren zu wollen und zu versuchen, hinter jedermanns Fassade zu blicken.

### Geboren am 30. eines Monats

Das gesellschaftliche oder öffentliche Leben ist Ihr natürliches Element. Sie widmen sich allen Pflichten mit Ernst und Verantwortungsgefühl. Alles, was Sie unternehmen, tun Sie gewissenhaft und immer gründlich.

Die *Anziehungskraft* spielt in Ihrem Leben eine große Rolle. Sie werden nie ohne Freunde und ohne Ratgeber sein.

Versuchen Sie, Ihre Fähigkeiten (welche vielfältig angelegt sind) am besten zu nutzen, indem Sie Ihre Dienste großen Gruppen, Clubs oder Organisationen zur Verfügung stellen. Ihr Potential ist groß. Zersplittern Sie sich nicht, und setzen Sie Ihre Talente dort ein, wo man sie auch zu schätzen weiß!

### Geboren am 31. eines Monats

Sie haben viele kreative Ideen und verstehen es auch, *Verbindungen* mit Leuten zu pflegen, die Ihnen bei der Verwirklichung *Ihrer Ideen* und Einfälle helfen können.

Allerdings laufen Sie Gefahr, sich von Routine und Stundenplänen einfangen zu lassen.

Sie könnten ein guter *Menschenführer* sein. Sie wissen sich in den verschiedensten Lebenslagen richtig zu verhalten. Sie können sich immer darauf verlassen, durch Ihren guten Geschmack und Ihr ausgeprägtes Taktgefühl das Richtige zu tun und so die Stimmung zu verbessern.

Ihre Gewissenhaftigkeit wird sich bezahlt machen! Versuchen Sie, mehr Energien in die Erfüllung *eigener* Wünsche zu lenken. Man neigt nämlich dazu, Sie auszunützen.

## Notizen zur Analyse des Geburtstages:

## ZWEITER TEIL

# Namensanalyse

## KAPITEL 4

# Nomen est omen

### Numerologisches Auszählen Ihres Namens mit Fallbeispiel

»Nomen est omen«, sagten die alten Römer. Damit wollten sie zum Ausdruck bringen, daß unser Name sehr entscheidend für unser Leben sein wird, ja, daß er Erfolg oder Mißerfolg gleichwohl vorauszeichnet.

Stimmt das?

Betrachten Sie einmal folgende drei Namen:

Ruby Stevens. Doris Kappelhoff. Margarita Causino.

Unbekannt? Wie steht es mit dem späteren (angenommenen) Namen derselben drei Persönlichkeiten?

Barbara Stanwyck. Doris Day. Rita Hayworth.

Aha, sagen Sie jetzt. Wußten Sie, daß ein Numerologe Doris Day beraten hat, als er ihren Künstlernamen für sie fand?

Inwieweit nomen wirklich omen ist, können Sie sehr bald selbst feststellen. Im folgenden finden Sie eine genaue Anleitung zur numerologischen Auszählung Ihres Namens. In Kapitel 5, 6, 7 und 8 finden Sie dann die Auswertungen jeder Nummer unter vier verschiedenen Aspekten. Prüfen Sie selbst, inwieweit Sie der Analyse zustimmen.

Es ist dabei nicht entscheidend, ob alles stimmt. (Außerdem finden Sie in Kapitel 9 vielleicht den Grund für etwaige ›Fehlinterpretationen‹.) Wichtig ist vielmehr, daß Sie bei dieser Analyse ein sehr genaues Bild von sich erarbeiten. Lassen Sie sich von Freunden oder der Familie helfen, wenn Sie nicht ganz sicher sind. Denn: Je besser man sich kennt, desto besser kann man es lernen, seine Stärken auszubauen und zu nützen und seine Schwächen unter Kontrolle zu bekommen! Das aber heißt zwangsläufig: Sein Leben erfolgreicher meistern lernen!

Wie errechnet man den numerologischen Wert des Namens?

Schreiben Sie zunächst Ihren Namen in die Leerzeile, jeden Buchstaben innerhalb der vorgegebenen Striche (Umlaute werden als AE, OE, UE etc. eingetragen).

| | | | | | | | | | | | | |
|---|---|---|---|---|---|---|---|---|---|---|---|---|
| | | | | | | | | | | | | |

Vorname

| | | | | | | | | | | | | |
|---|---|---|---|---|---|---|---|---|---|---|---|---|
| | | | | | | | | | | | | |

Nachname

Wenn Sie regelmäßig einen zweiten Vornamen oder dessen Abkürzung führen, tragen Sie ihn bei Vornamen (nach einem Leerkästchen) mit ein.

Das sieht dann z. B. so aus:

| | | | | | | | | | | | | |
|---|---|---|---|---|---|---|---|---|---|---|---|---|
| W | O | L | F | G | A | N | G | | | | | |
| W | E | I | N | | | | | | | | | |

| | | | | | | | | | | | | |
|---|---|---|---|---|---|---|---|---|---|---|---|---|
| V | E | R | A | | F | | | | | | | |
| B | I | R | K | E | N | B | I | H | L | | | |

Als nächstes tragen Sie über jedem Buchstaben dessen numerischen Wert aus der nachfolgenden Tabelle ein!

| 1 | 2 | 3 | 4 | 5 | 6 | 7 | 8 | 9 |
|---|---|---|---|---|---|---|---|---|
| A | B | C | D | E | F | G | H | I |
| J | K | L | M | N | O | P | Q | R |
| S | T | U | V | W | X | Y | Z | |
| **1** | **2** | **3** | **4** | **5** | **6** | **7** | **8** | **9** |

Das sieht dann z. B. so aus:

| | | | | | | | | | | | | |
|---|---|---|---|---|---|---|---|---|---|---|---|---|
| 5 | 6 | 3 | 6 | 7 | 1 | 5 | 7 | | | | | |
| W | O | L | F | G | A | N | G | | | | | |

| | | | | | | | | | | | | |
|---|---|---|---|---|---|---|---|---|---|---|---|---|
| 5 | 5 | 9 | 5 | | | | | | | | | |
| W | E | I | N | | | | | | | | | |

Dann zählen Sie alle Ziffern zusammen. In unserem Fallbeispiel ergibt das:

Wolfgang: 5 + 6 + 3 + 6 + 7 + 1 + 5 + 7 = 40
Wein: 5 + 5 + 9 + 5 = 24

Gesamt: = 64

Nun machen Sie wieder, wie in Kapitel 1, die Quersumme:

6 + 4 = 10

Davon wieder die Quersumme. Wir erinnern uns: Auch die Null muß verschwinden, so daß nur eine Ziffer übrig bleibt:

1 + 0 = 1

Also ist Wolfgang Wein ein »Einser«, d. h., sein Name ist numerologisch eine Eins.

Wie ist das Resultat Ihrer eigenen Auszählung? Was sind Sie? Bitte hier eintragen:

| | | | | | | | | | | | | |
|---|---|---|---|---|---|---|---|---|---|---|---|---|
| | | | | | | | | | | | | |

| | | | | | | | | | | | | |
|---|---|---|---|---|---|---|---|---|---|---|---|---|
| | | | | | | | | | | | | |

So, nun können Sie zur Auswertung übergehen. Nur noch ein Wort dazu, welche Nummern Sie lesen sollen:

1. Die Nummer, die sich aus der Gesamtzahl Ihres ganzen Namens ergeben hat. Also zum Beispiel: Wolfgang Wein = 1.
2. Die Nummer Ihres Vornamens allein, damit Sie sehen, welche Wirkung Sie besonders auf Familie und Freunde haben. Also zum Beispiel: Wolfgang = 4.
3. Die Nummer, die sich aus einem Spitznamen ergibt, *wenn viele Menschen* den *häufig* benützen. Zum Beispiel: Wolfi = 2.
4. Die Nummer, die sich allein aus Ihrem Nachnamen ergibt, wenn Sie *vielen Menschen* nur als Herr X oder Frl. Y bekannt sind. Zum Beispiel: Wein = 6.

Natürlich ist die Hauptnummer Ihres gesamten Namens die wichtigste, aber die anderen Auswertungen können interessant sein, besonders bei Menschen, die ›beruflich so ganz anders als privat‹ sind.

Lesen Sie nun in den folgenden Kapiteln, Kap. 7: Gelddinge und Kapitel 8: Liebe und Partnerschaft, was die Numerologen Ihren Namen zuschreiben. Vergessen Sie nicht: Selbst Aussagen, die vielleicht nicht zutreffen, helfen Ihnen, sich selbst klarer zu sehen!

Außerdem ist dies ja nur eine Basisanalyse, die zwangsläufig etwas oberflächlich sein muß. (Kap. 5: Charakter und Persönlichkeit, Kap. 6: Berufliches) Wenn Sie später tiefer ›einsteigen‹ wollen, wenn Sie wissen wollen, *warum* der eine oder andere Faktor auf Sie persönlich nicht zugetroffen hat, dann machen Sie auf alle Fälle später noch das magische Quadrat (Kapitel 9, Seite 94)!

KAPITEL 5

# Namensanalyse I

## Charakter und Persönlichkeit der Namensnummer. Erstellung des Psycho-Profils

### Nummer 1: Charakter und Persönlichkeit

Sie sind ein Pionier und Erfinder. Sie haben eine starke Willens- und Glaubenskombination (s. Kapitel 10). Sie sind frei und unabhängig und setzen großen Stolz in Ihre Leistung. Ihr Ehrgeiz ist zielgerichtet, um hohe Leistungen anzustreben und zu erreichen. Sie sind eine Führernatur, die man gerne mit Organisationsproblemen beauftragt.

Sie lassen sich nicht leicht beeinflussen, was sowohl positiv als auch negativ sein kann. Im positiven Sinne vermögen Sie Ihre Meinung auch durchzusetzen; im negativen, weil Sie ziemlich dickköpfig sein können und es Ihnen schwerfällt einzusehen, daß Sie vielleicht im Unrecht sind.

Sie sind ein Mensch, der sich anderen gerne zuwendet. Sie sind von Natur aus großzügig. Sie pflegen angenehme soziale Kontakte und werden im allgemeinen wegen Ihrer Energie und Dynamik von anderen bewundert. Wenn Sie jemanden mögen bzw. sich mit jemandem verstehen, können Sie ein hervorragender Freund, Kamerad, Kollege, Chef oder Helfer sein. Wenn Sie jedoch glauben, daß jemand Sie falsch oder negativ einschätzt, neigen Sie dazu, sich (fast zu sehr) von ihm zu distanzieren.

Sie sind ein sensibler Mensch, verstehen es aber, Ihre Gefühle zu verbergen. Nicht nur vor Fremden, sondern leider auch vor Ihren engsten Freunden bzw. sogar vor sich selbst.

Ihr Dominanzstreben kann sehr positiv wirken. Es kann allerdings auch die Tendenz haben, andere herumzukommandieren, wenn Sie sich nicht wohl in Ihrer Haut fühlen. Wenn man sich Ihnen querstellt, werden Sie sich zu wehren wissen. Im Zweifelsfalle sagt man Ihnen mangelnden Takt nach.

Ihr Ehrgeiz ist zwar einerseits eine ausgezeichnete Basis für beruflichen und persönlichen Erfolg, kann jedoch auch gefährlich werden, weil Sie dazu neigen, Mitarbeiter, Kollegen oder Partner zu übersehen in Ihrem Drang, Ihre eigenen Ziele zu erreichen.

Das heißt: Wenn Sie unter negativen Einflüssen stehen, neigen Sie dazu, egoistisch und gedankenlos anderen gegenüber zu werden. Außerdem besteht eine (latente) Tendenz zum Jähzorn, den Sie, solange alles glatt verläuft, gut unter Kontrolle halten. Wenn Sie sich aber nicht gut fühlen, laufen Sie Gefahr, sich unnötigerweise Feinde zu machen.

Obwohl Sie Ihre Mitmenschen relativ leicht kritisieren, fällt es Ihnen schwer, deren Kritik hinzunehmen. Zwar setzen Sie sich mit ihr auseinander, aber erst später. Im Augenblick weisen Sie sie entrüstet zurück.

Wenn Sie ein wenig mehr auf die Gefühle anderer achten, werden Sie bald erkennen, wie leicht Sie jemanden verletzen können. Bauen Sie Ihre positiven Aspekte maximal aus: Ihre Kreativität, Ihr Organisationstalent, Ihre Führungsqualitäten und Ihre starke Willens- und Glaubenskomponente (s. Kapitel 10).

## Nummer 2: Charakter und Persönlichkeit

Sie zeichnen sich durch besonderen Takt und viel Mitgefühl für andere aus. Sie verstehen es hervorragend, Ideen und Pläne anderer zu interpretieren. Sie helfen gerne, sie zu verwirklichen. Daher geben Sie einen intelligenten Gefolgsmann bzw. einen ausgezeichneten Assistenten ab, auf den man sich immer verlassen kann.

Ihrer Natur gemäß sind Sie ein ruhiger und reservierter Mensch; wenn Sie sich jedoch in einem Kreis besonders wohl fühlen, können Sie lebhaft und extravertiert werden.

Sie überlegen genau, ehe Sie sprechen oder handeln. Kooperation ist ein Schlüsselwort in Ihrem Leben. Sie vermeiden oder schlichten Streit, wo immer es geht.

Da für Sie das Gefühlsmäßige wichtiger ist als das rein Rationale, geben Sie einen hervorragenden Diplomaten ab. Auch Ihre romantische und gelegentlich sehr sensible Natur hilft Ihnen dabei.

Allerdings können die Stimmungsumschwünge, die Sie manchmal sehr intensiv erleben, nach außen nicht immer verborgen bleiben. Wenn Sie sich wohl und sicher fühlen, strahlen Sie eine sehr positive Einstellung aus. Bei Unsicherheit jedoch ziehen Sie sich (fast zu schnell) in eine Festung des Schweigens zurück.

Es fällt Ihnen leicht, Freunde zu gewinnen. Außerdem haben Sie das große Talent, wirklich zuhören zu können, besonders wenn jemand Sorgen hat. Mit großem Charme helfen Sie Ihren Mitmenschen in solchen Fällen. Sie fordern wenig von anderen, obwohl Sie mit sich und Ihren eigenen Leistungen nicht leicht zufrieden sind. Sie arbeiten hart und immer zuverlässig.

Wenn jemand Sie geärgert hat, wird er selten einen Wutausbruch von Ihnen erleben. Außerdem sind Sie gerne bereit zu vergeben und zu vergessen, wenn Sie merken, daß es dem anderen wirklich leid tut.

Eines der wesentlichsten Schlüsselwörter in Ihrem Leben ist »Harmonie«. In Ihrer großen Suche nach dieser Harmonie bzw. in Ihrem Streben jeglichen Mißklang zu vermeiden, kann es passieren, daß Sie den Weg des geringsten Widerstandes einschlagen. Dies legt man Ihnen dann unter Umständen als Schwäche aus. Es kann sogar vorkommen, daß Sie notlügen, um schwierige Situationen zu überbrücken bzw. ihnen zu entgehen oder sie zu entschärfen.

Wenn Sie mit Schwierigkeiten nicht fertig werden, können Sie manchmal sogar unzuverlässig oder rastlos werden. Dann neigen Sie auch zu Depressionen oder Nervosität, was sich in Ihrem Verhalten äußert.

Wenn Sie es lernen, Ihre Tendenz zum Schmollen unter Kontrolle zu halten, werden Sie die Harmonie mit Ihrer Umwelt, die Sie immer anstreben, auch bewahren können.

## Nummer 3: Charakter und Persönlichkeit

Sie sind ein vielseitig talentierter Mensch, der sich durch eine positive Natur sowie durch eine große Lernbereitschaft auszeichnet. Diese Qualitäten ergänzen sich in einer enthusiastischen Persönlichkeit mit überfließender Energie.

Sie fühlen sich in Gruppen wohl und trachten danach, das Leben zu genießen.

Wenn es negative Punkte oder Schwierigkeiten in Ihrem Leben gibt, versuchen Sie, diese zu überwinden, ohne sich davon niederdrücken zu lassen; bzw. ohne in großem Selbstmitleid zu zergehen.

Ihre dynamische und mitreißende Art kann andere begeistern und positiv beeinflussen.

Ihr Ehrgeiz ist darauf ausgerichtet, Geld und materielle Güter (im Gegensatz zu Macht) zu erarbeiten. Sie erfreuen sich an den sinnlichen Annehmlichkeiten des Lebens, sei das nun gutes Essen oder schicke Kleider, Sportwagen, schönes und gemütliches Heim, gute Musik usw.

Sie sind ein geselliger Mensch und bei den Mitmenschen wegen Ihrer natürlichen Art beliebt. Wenn Sie sich als Gastgeber oder als Koch betätigen, wird dies immer ein Erfolg sein. Sie beherrschen die Kunst der Konversation und gelten im allgemeinen als guter und witziger Unterhalter.

Wenn andere sich nicht wohl fühlen, verstehen Sie es ausgezeichnet, ihnen die Spannung zu nehmen und sie positiv zu beeinflussen.

Trotz Ihrer leichten Art, viele Dinge und Themen zu behandeln (weswegen manche Sie fälschlicherweise für oberflächlich halten), können Sie ein sehr tiefer Denker sein. Sie erkennen Wesentliches und verstehen es, sich aktiv mit sich und Ihrer Umwelt auseinanderzusetzen.

Weil Sie so vielfältig angelegt sind, besteht bei Ihnen die Tendenz, sich zu zersplittern oder, volkstümlicher ausgedrückt, mit ›einem Hintern auf zehn Märkte‹ gehen zu wollen. Sie müssen es lernen, diese Gefahr zu bannen.

Manchmal lassen Sie sich auch zu leicht von anderen beeinflussen. Es besteht die Neigung, mit dem Trend zu gehen, ›in‹ zu sein, ohne dabei immer zu überlegen, ob die jeweilige Modeerscheinung für Sie persönlich wirklich vorteilhaft ist.

Auf der anderen Seite können Sie manchmal auch recht stur sein, besonders wenn es gilt, langgehegte Gedanken zu verteidigen. Dann kann es passieren, daß andere Ihnen Egoismus vorwerfen. Wenn Sie mit Ihrer Umwelt nicht im reinen sind, können Sie auch sarkastisch werden und anderen dadurch weh tun.

Wegen Ihrer vielfältigen Talentanlagen sollten Sie ab und zu eine Inventur vornehmen: Stellen Sie fest, wo Sie stehen und welche Projekte Ihnen mehr am Herzen liegen als andere. Damit entgehen Sie der Gefahr der Verzettelung, so daß Sie Ihre Talente optimal einsetzen und entwickeln können.

## Nummer 4: Charakter und Persönlichkeit

Sie sind ein hart arbeitender Mensch, der besonders geeignet ist, in Dienstleistungs-Berufen erfolgreich zu sein (s. Kapitel 6). Schlüsselwort in Ihrem Leben ist »Verläßlichkeit«. Sie sind das Rückgrat einer Familie, Arbeitsgruppe oder Firma. Sie sind ein Erbauer, der andere veranlaßt, zusammenzuarbeiten, so daß mit Ihrer Hilfe auch große Projekte zustande kommen. Große Genauigkeit und Präzision in der Ausführung zeichnen die Erfüllung Ihrer Pflichten aus.

Sie möchten alles vorher durchdenken und planen. Dies kann sich auch in einer Neigung zum Konservativen ausdrücken.

Sie leben nach der Maxime: Erst die Arbeit, dann das Spiel! Ein anderer Leitsatz Ihres Lebens könnte auch lauten: Ohne Fleiß kein Preis! D. h., Sie sind nicht nur bereit, hart zu arbeiten, sondern Sie wissen auch, daß nur Fleiß Erfolg bringen kann.

Sie lieben die Gerechtigkeit und sind bereit, diese für sich und andere zu erkämpfen, wenn es sein muß.

Sie gehören zu den stilleren Menschen, die ihre Gefühle nicht ohne weiteres zeigen. Sie sind mehr intro- als extravertiert. Wenn man Sie aber zum Freund gewonnen hat, sind Sie sehr loyal und bereit, zeitlebens diese Freundschaft zu bewahren.

Sie sind sehr »geradeaus«, offen und ehrlich mit Freunden. Daher weiß man immer genau, wie Sie etwas gemeint haben.

Das überwiegende Element Ihres Lebens ist das *Tun* im Gegensatz zum *Sein.* Dies zeigt sich auch in Ihrer Freizeit: Sie müssen immer etwas tun, immer basteln oder arbeiten Sie an etwas, während andere sich in der Sonne aalen und nichts tun.

Da Sie ein zuverlässiger und akkurat arbeitender Mensch sind, laufen Sie manchmal Gefahr, die »große Linie« nicht mehr zu sehen, weil Sie sich zu sorgfältig um das Detail kümmern. Sie können sich in Einzelheiten derart verlieren, daß Sie dann ›den Wald vor lauter Bäumen‹ nicht mehr sehen. Bei solchen Gelegenheiten verschwenden Sie Zeit; obwohl Sie fleißig arbeiten, schaffen Sie dann doch relativ wenig.

Wenn Sie sich angegriffen fühlen oder sehr müde sind, kann es vorkommen, daß Ihnen jeglicher Sinn für Humor fehlt.

Ihre Offenheit in Ehren, aber manchmal kann sie zur Taktlosigkeit werden. Ab und zu wäre es zu untersuchen, ob Ihre zeitweilig auftretende Sturheit darauf beruht, daß Sie wirklich im Recht sind, oder aber, daß Sie sich durchsetzen wollen. (Man kann ja über manche Dinge zweierlei Meinung sein, ohne daß deswegen die Freundschaft zerbricht!)

## Nummer 5: Charakter und Persönlichkeit

Sie sind ein Abenteurer. Sie sind ein aktiver Mensch, der die persönliche Freiheit über alles schätzt, ständig in Bewegung ist und Erlebnisse über Macht oder soziale Positionen stellt. Ihr Wunsch, das Leben intensiv zu erleben, es auszukosten, sich ständig mit Neuem auseinanderzusetzen – gekoppelt mit Ihrer großen Energie und Ihrem Enthusiasmus sowie Ihrer Neigung zu impulsivem Handeln – läßt Sie stets aus der Menge herausragen.

Allerdings besteht bei Ihnen die Tendenz, von ›himmelhoch jauchzend‹ zu ›zu Tode betrübt‹ zu wechseln.

Aber Ihr Grundoptimismus macht Sie zu einem Stehaufmännchen angesichts von Schwierigkeiten. Sicherheit und Gelddinge bedeuten Ihnen nicht sehr viel. Sie sind bereit, diese zu opfern, wenn Sie dafür Neues erleben können.

Freude ist ein Schlüsselwort in Ihrem dynamischen Leben. Sie zögern nicht, Kontakte zu knüpfen, und gewinnen durch Ihren Charme und Ihre menschliche Wärme viele Freunde.

Ein sehr wesentliches Element in Ihrem Leben ist *das Wort*. Worte sind Ihr natürliches Metier. Sie können sie verwenden, um andere aufzuheitern, andere zu verärgern (Ihre spitze Zunge kann verletzend sein) oder um Ihren Lebensunterhalt damit zu verdienen.

Trotz Ihrer extravertierten Art sind Sie häufig sehr intellektuell und kreativ; wobei Ihre Kreativität auch als hervorragendes Ventil Ihrer Rastlosigkeit eingesetzt werden kann.

Wenn Sie einmal Streit hatten, so ist dieser schnell vergessen, da Sie nicht nachtragend sind.

Obwohl Sie im allgemeinen gut mit Ihrer Umwelt auskommen, gibt es für Sie eine Gefahr: Wenn Umstände Sie zum Stillstand zwingen, kann es passieren, daß Sie sich und anderen durch schlechte Laune, Gereiztheit und Nervosität auf die Nerven gehen. Dann sind Sie ungeduldig und relativ leicht reizbar. Obwohl Ihre normale Einstimmung sehr positiv ist, reagieren Sie in solchen Situationen manchmal sogar jähzornig und zu impulsiv.

Wenn ein anderer Sie tief verletzt hat, fällt es Ihnen schwer, wieder wirkliches Vertrauen zu dieser Person zu fassen, selbst wenn Sie wissen, daß ihm sein Verhalten sehr leid tut. Nicht, weil Sie vielleicht nachtragend wären (im Gegenteil), sondern weil Sie wesentlich sensibler sind, als die meisten Ihrer Mitmenschen ahnen.

Versuchen Sie, einen Beruf voller Aufregungen oder Reisen zu finden, damit Sie Ihre Tendenz, ständig Neues zu suchen, positiv verwerten und kanalisieren können. Sonst besteht zu große Gefahr der Rastlosigkeit in Ihrem Leben.

## Nummer 6: Charakter und Persönlichkeit

Sie sind ein solider, verläßlicher Mensch, der sich in jeder Lage behaupten kann. Ihre humanitären (menschenliebenden) Instinkte sind stark ausgeprägt. Deshalb versuchen Sie, immer fair zu sein, und kümmern sich gerne um das Wohlbefinden anderer. Heim und Familie sind Ihnen sehr wichtig. Auch das Helfen, wo andere in Not sind.

Sie lieben das Schöne, sowohl in den Künsten als auch in der Musik.

Angenehme zwischenmenschliche Beziehungen sind Ihnen wichtig. Sie können deshalb auch ein hervorragender Gastgeber sein. Allerdings neigen Sie gelegentlich dazu, Ihre Selbstlosigkeit und Sympathie für andere etwas zu übertreiben.

Wenn Sie mit Handlungen oder Leistungen anderer unzufrieden sind, neigen Sie dazu, alles selbst zu machen, statt zu kritisieren.

Sie arbeiten immer zuverlässig, auch im Detail.

Bei Ihrem Versuch, anderen zu helfen, kann es passieren, daß Sie diese fast erdrücken in Ihrer Aufopferungsbereitschaft. Dadurch, daß Sie es selber machen, verhindern Sie den Lernerfolg des anderen. Konsequenz: Das nächstemal werden Sie es wieder selbst tun müssen.

Wenn sich jemand Ihnen wirklich entgegenstellt, können Sie plötzlich vom ›Lamm‹ zum ›Tiger‹ werden.

Ihre Liebe zur Präzision kann Sie auch veranlassen, zu pedantisch zu sein. So wichtig das Detail sein mag, verlieren Sie nie die Übersicht des großen Ganzen!

Ihre sympathische, offene Art macht Ihnen und anderen Freude. Sie kommen leicht mit den verschiedensten Menschen klar. Allerdings besteht hier die Gefahr, daß Sie Schmarotzer und Parasiten nicht als solche erkennen, und daß solche Menschen Ihre großzügige und freigebige Art auszunützen versuchen (sehr häufig erfolgreich!).

Lernen Sie, nein zu sagen, wenn andere zu viel von Ihnen fordern. Es ist nicht Ihre Pflicht, jedem alles zu gewähren. Lernen Sie auch Ihre Art, anderen Ihre Hilfe aufzudrängen, in Schach zu halten. Der andere wird mehr lernen, wenn er ein Problem selbst löst, als wenn Sie ihm die Lösung ›schenken‹. Lernen Sie, echte Hilfestellung von Bevormundung anderer zu unterscheiden, und setzen Sie Ihre große Hilfsbereitschaft da ein, wo sie wirklich willkommen ist.

## Nummer 7: Charakter und Persönlichkeit

Sie sind ein rastloser, origineller, intellektueller Mensch, der immer bereit ist, sich analytisch mit sich und seiner Umwelt auseinanderzusetzen: ein Philosoph im ursprünglichen Sinn des Wortes. Sie sind an vielen Dingen interessiert und immer bereit, Neues hinzuzulernen. Wenn es Ihnen irgend möglich ist, möchten Sie viel reisen und dabei viel lernen.

Zwischendurch suchen Sie die Stille und Einsamkeit, um alles durchdenken zu können. Sie sind mehr intro- als extravertiert.

Sie besitzen eine ausgeprägte Intuition; lassen Sie sich ruhig öfter von ihr leiten! Manchmal sind spontane Reaktionen besser als durchdachte.

Dadurch, daß Sie sich eine eigene Meinung bilden wollen, neigen Sie dazu, ein Nonkonformist zu sein. Außerdem wirken Sie manchmal etwas reserviert, besonders wenn Sie fremde Menschen kennenlernen. Man könnte Sie dann für etwas arrogant halten, was Sie jedoch nicht sind.

In großen Gruppen fühlen Sie sich nicht, in kleinen jedoch sehr wohl. Freundschaften werden bei Ihnen langsam geschlossen. Wenn aber eine Freundschaft ›gewachsen‹ ist, ist sie für Sie endgültig. Ihre Loyalität ist sprichwörtlich, ebenso wie Ihre Geduld und Großzügigkeit Freunden gegenüber.

Sie können nicht nur gut frei sprechen, sondern auch zuhören. Allerdings hassen Sie Blablagespräche, die nichts bringen.

Wenn Sie an etwas glauben, sind Sie bereit, sich dafür hart einzusetzen. Allerdings sind Ihre ›Kampfmaßnahmen‹ immer passiver Natur, mehr im Sinne Ghandis.

Sie neigen dazu, sich selbst gegenüber zu kritisch zu sein, sich vielleicht sogar zu hohe Ziele zu setzen und Perfektion anzustreben. Wenn Sie Ihre Ziele dann nicht erreichen, sind Sie frustriert (frustra heißt *vergeblich*). Dann werden Sie Ihre Umwelt durch ›stille Kampfmaßnahmen‹ verärgern.

Manchmal laufen Sie zu sehr Gefahr, ein Einzelgänger zu werden.

Wenn Sie eine Sache gut durchdacht haben und zu einer Meinung gekommen sind, können Sie diese bis zur Sturheit vertreten.

Ihre Neigung, durch passiven Widerstand zu ›kämpfen‹, wenn Sie sich durchsetzen wollen, kann u. U. dazu führen, daß Sie einer offenen (klärenden) Auseinandersetzung aus dem Wege gehen.

Manche Siebener sind stark auf das ›Höhere‹ im Sinne Gottes oder einer höheren Macht ausgerichtet. Sie können ihr ganzes Leben in den Dienst der Theologie, einer Philosophie oder gar des Okkulten stellen.

## Nummer 8: Charakter und Persönlichkeit

Sie sind ein energiegeladener, dynamischer Mensch mit einer unglaublichen Konzentrationskraft (s. Kapitel 10). Ihrer ist der Glaube, von dem es heißt, daß er Berge versetzt.

Wenn Sie etwas tun, dann tun Sie es ganz oder gar nicht. Sie hassen alles Mittelmäßige! Sie sind ein Individualist, der entweder ein kolossaler Erfolg oder aber ein absoluter Nicht-Erfolg wird. Allerdings können Sie Ihren wesentlichen Erfolg auch noch in späteren Jahren aufbauen.

Sie haben eine fast magnetische Ausstrahlung auf andere, die unwiderstehlich angezogen werden. Sie können warm und großherzig sein und viel für sich und andere tun. Ihre unerhörte Energie und Aktivität bezieht sich sowohl auf physische als auch auf intellektuelle oder musische Zielsetzungen. Durch Ihre Dynamik kann es jedoch passieren, daß Sie andere Menschen vertreiben, da diese sich Ihnen nicht gewachsen fühlen. Wenn Sie wollen, können Sie starken persönlichen Charme ausstrahlen. Sie sind loyal und vertrauenswürdig, bereit, für etwas oder jemanden zu kämpfen, wenn Sie helfen wollen.

Sie müssen es nur lernen, Ihre Energien im kreativen Sinne einzusetzen, sie in positive Kanäle zu leiten. Wenn Sie dies nicht schaffen, könnte es sein, daß sich ein Teil Ihrer unerhörten Energie in Aggressionen gegen andere ausdrückt. Besonders gegen solche, die nicht so begabt sind wie Sie.

Sie können sich für eine Sache oder Person sehr engagieren. Allerdings dürfen Sie nicht automatisch annehmen, jeder andere wäre genauso engagiert wie Sie. Sie neigen nämlich dazu, genausoviel von anderen zu fordern, wie Sie zu geben fähig und bereit sind. Aber nicht jeder kann Ihre Ziele verfolgen und Ihre Leistung vollbringen!

Außerdem besteht manchmal die Neigung, von überschwenglichem Engagement in Fanatismus überzugehen, ohne daß Sie dies merken. Fanatismus aber macht blind.

Da es Ihnen nicht immer leicht fällt, Ihre wahren Gefühle zu zeigen, halten manche Menschen Sie für kälter und distanzierter, als Sie sind. Dann fühlen Sie sich einsam und unverstanden. Lernen Sie, Ihre Gefühle ein wenig mehr zu zeigen.

Wenn Sie einen Mißerfolg hatten, fällt es Ihnen zunächst besonders schwer, diesen innerlich zu verarbeiten. Wenn Sie dies aber geschafft haben, investieren Sie in den nächsten Versuch wieder genausoviel Energie, Fleiß und Schwung wie in den letzten.

Wenn etwas oder jemand Sie nicht interessiert, können Sie abrupt und taktlos sein. Achten Sie immer darauf, Ihre Kräfte positiv einzusetzen. Sie könnten nämlich unerhört viel zerstören, wenn so viel Kraft und Energie in negative Kanäle fließen würde.

## Nummer 9: Charakter und Persönlichkeit

Sie sind ein äußerst sensibler Mensch, der viele Feinheiten wahrnimmt, die anderen entgehen. Sie sind mitfühlend und verständnisvoll und versuchen, immer den Schwachen und Unterdrückten zu helfen. Intuition und Emotion (Gefühle) sind Schlüsselworte Ihres Lebens.

Gelegentlich können Sie allerdings trotz Ihres Einfühlungsvermögens recht reserviert und distanziert werden, nämlich wenn Sie sich zurückziehen, um wieder Energien zu sammeln. Diese Kräfte brauchen Sie, weil Sie gerne für Freiheit und Gerechtigkeit kämpfen und sich gerne dafür (und für Unfreie) einsetzen.

Sie zeigen großes Interesse an Psychologie und der Mystik. Sie gehören zu denen, die Antworten auf die ewigen Fragen der Menschheit suchen. Alles Un- oder noch nicht Bekannte zieht Sie magisch an.

Wer mit Ihnen zu tun hat, wird entweder Ihr Freund oder Ihr Feind. Zwischenstufen gibt es bei Ihnen fast keine.

Ihr Wunsch, anderen zu helfen, kann manchmal zu weit gehen. Sie steigern sich dann so sehr in Hilfeaktionen für Fremde hinein, daß Sie Ihre unmittelbare Umgebung darüber vergessen können.

Wenn Sie sich unglücklich fühlen, zeichnen Sie sich durch besondere Launenhaftigkeit aus. Dann können Sie sogar recht aggressiv werden, besonders wenn jemand es wagt, eine andere Meinung als die Ihre zu vertreten. Diese negativen Stimmungen, denen Sie manchmal zu sehr unterliegen, können andere, die Ihnen wohlgesonnen sind, befremden und verletzen.

Manchmal neigen Sie auch dazu, Ihre eigenen Kräfte zu überschätzen. Achten Sie darauf, daß man Ihre Bereitschaft, sich für andere einzusetzen, nicht ausnützt, und daß Sie auch für sich selbst und Ihre Familie noch Energien frei haben.

Nützen Sie besonders Ihre gute Beobachtungsgabe und Ihre Fähigkeit, sehr genau wahrzunehmen. Viele Menschen sehen nur die grobe Linie, wo Sie Feinheiten wahrnehmen, die andere erst nach Monaten oder überhaupt nicht sehen können.

Versuchen Sie vielleicht auch, Ihre große Fähigkeit zum Träumen und Pläneschmieden beruflich einzusetzen. Es ist eine seltene Gabe heutzutage, wo die Phantasie immer mehr durch rationale Daten, Fakten und wissenschaftliche Ergebnisse verdrängt wird.

Und denken Sie manchmal daran, daß auch Ihre Kraft nicht unerschöpflich ist, besonders wenn Sie sich gerade nachdrücklich für jemanden, eine Sache oder eine Gruppe einsetzen.

KAPITEL 6

# Namensanalyse II

## Berufsleben und Erfolg

### Nummer 1: Berufliches

Sie sind ein kreativ-organisierender Mensch und als solcher sowohl für administrative, organisatorische als auch für Führungsaufgaben geeignet (wenn Sie Ihre Tendenz zum Dominieren unter Kontrolle halten). Im Film oder Theater wären Sie eher Direktor oder Produzent als Schauspieler, im Verlegerischen eher Lektor oder Verlagsleiter als Schriftsteller. Immer haben Sie gute Ideen und sehen für neue Probleme auch die entsprechenden Lösungen. Auch in den Wissenschaften oder technischen Berufen würden Sie sich wohl fühlen. Durch Ihren Ehrgeiz haben Sie eine klare Zielvorstellung und sind stets bereit, sich einzusetzen, um erfolgreich zu sein. Dadurch sind Sie von innen her motiviert und halten auch bei schwierigen Aufgaben durch.

#### Als Arbeitnehmer . . .

. . . sind Sie zuverlässig und durch Ihre innere Motivation angenehm. Allerdings erwarten Sie auch, daß man Ihre Leistungen bemerkt. Hier und da gibt es Spannungen mit Vorgesetzten, besonders mit solchen, die meinen, daß die Abwesenheit von Tadel automatisch Lob bedeute. Manchmal fehlt es Ihnen an Takt und Diplomatie, besonders Vorgesetzten und Kollegen gegenüber, die Sie für wenig talentiert und fähig halten. Dann können Sie sowohl taktlos und schroff, als auch rechthaberisch werden. Manchmal besteht die Gefahr, daß weniger Ehrgeizige Sie als Strebertyp einstufen und Ihre Feinde werden.

**Als Arbeitgeber oder Chef . . .**

. . . verlangen Sie einmal (fast) zuviel, ein andermal zuwenig. Heute besonders hart, morgen besonders nett und verständnisvoll. Trotzdem werden Sie wegen Ihrer dynamischen Persönlichkeit, Ihrer vielen Fähigkeiten und Ihrer Kreativität voll akzeptiert. Außerdem verstehen Sie es, durch Ihre hervorragenden pädagogischen Fähigkeiten andere so anzuweisen und einzulernen, daß diese bald selbständig unter Ihnen arbeiten können.

**Tip:**

Halten Sie Ihr Dominanzstreben in Grenzen und erwarten Sie nicht, lauter Einsteins um sich zu haben. Versuchen Sie, Ihre Dynamik und Ihre pädagogischen Fähigkeiten zu optimieren, indem Sie diese in positive Kanäle leiten, und Sie werden zufrieden sein!

## Nummer 2: Berufliches

Ihre Kreativität und ausgeprägte Phantasie helfen Ihnen, vorhandene Ideen anderer optimal zu entwickeln. Sie neigen mehr zum Schauspieler als zum Produzenten, mehr zum Musiker als zum Komponisten. Schlüsselwort in Ihrem Leben: kooperative Leistungen; nicht Wettbewerb. Sie arbeiten gut auf allen Gebieten, die Takt und Diplomatie verlangen. Besonders auch als Psychologe, Psychiater, Krankenpfleger, Sekretär oder Assistent. (Wobei gerade letztere Position von Nicht-Eingeweihten oft falsch gesehen wird. Ein fähiger Assistent nimmt eine ungeheuer wichtige Position ein!) Denn durch Ihre verständnisvolle Art können Sie sowohl einem von Terminen gejagten Chef als auch Unglücklichen oder Kranken helfen. Andere geeignete Sparten wären für Sie: Lehren, Hauswirtschaftliches, medizinische Wissenschaften oder buchhalterische Berufe.

## Als Arbeitnehmer ...

... sind Sie immer zuverlässig, das Vertrauen, das man in Sie setzt, rechtfertigend. Anweisungen führen Sie ohne Murren aus, immer exakt. Allerdings liegt Ihnen fast etwas zu viel an der Erhaltung des Status quo, weshalb Sie nicht immer so schnell weiterkommen, wie Sie möchten.

## Als Arbeitgeber oder Chef ...

... sind Sie immer fair. Allerdings geben Sie nur ungern Anweisungen. Daher ist Ihre Delegation schwach, was Ihre Mitarbeiter zuweilen auch ausnützen. Schaffen Sie klare Kompetenzbereiche und suchen Sie sich jemanden, der Ihre Anweisungen, wenn nötig, auch durchzusetzen vermag!

## Tip:

Lernen Sie, Ihre Angst vor Disharmonie und Mißklang im Berufsleben zu überwinden, sonst werden andere das ausnützen. Manchen Leuten gegenüber ist eine gewisse Härte notwendig, wenn man sich durchsetzen will oder muß.

# Nummer 3: Berufliches

Sie haben das Rüstzeug zu einer steilen Karriere, wenn Sie Ihre Anlagen von Kreativität, Phantasie, Ehrgeiz und Zielstrebigkeit optimal einsetzen und sich nicht (wegen Ihrer vielen Talente) verzetteln, sondern sich in *einer* Richtung weiterentwickeln. Besonders geeignet sind für Sie Werdegänge als Fotograf, Künstler, Designer, Unterhalter oder schriftstellerische Bereiche. Im Geschäftsleben: PR-Arbeit (Public Relations), Werbung, Marketing oder Verlagswesen, d. h. alle Sparten der

Kommunikation. Sie hassen Routinearbeiten, eignen sich aber gerade deswegen für interessante und abwechslungsreiche Arbeitsgebiete, solange diese Sie immer wieder mit neuen Problemen konfrontieren.

### Als Arbeitnehmer ...

... sind Sie beliebt und häufig brillant. Wenn man Ihnen freie Hand läßt, zeigen Sie außerordentliche Initiative. Wenn Sie sich langweilen, merkt man Ihnen dies an. Dann haben Sie große Schwierigkeiten, bei der Sache zu bleiben.

### Als Arbeitgeber oder Chef ...

... schaffen Sie eine Atmosphäre von Freude und Aufregung. Sie unterdrücken Ihre Mitarbeiter nicht. Sie begrüßen Originelles und unterstützen die Initiative Ihrer Untergebenen. Sie fürchten nie, daß man an Ihrem Stuhle sägen könnte, sondern Sie belohnen und fördern diejenigen, die sich wirklich für Sie oder Ihr Aufgabengebiet einsetzen.

### Tip:

Vermeiden Sie die Zersplitterung; bauen Sie dafür lieber eine einzige Richtung (die jedoch interessant und abwechslungsreich ist) als Ihre Hauptrichtung aus. Vermeiden Sie Routine, wo sie vermeidlich ist, bzw. delegieren Sie diese, wann immer es geht.

## Nummer 4: Berufliches

Sie eignen sich besonders für Dienstleistungsberufe sowie für alle Arbeiten, die mit Liebe zum Detail durchgeführt werden müssen. Sie könnten einen hervorragenden technischen Zeichner, Buchhalter, Kassierer, Sachbearbeiter, Apotheker, Mathematiker oder Lektor abgeben. Auch auf juristischen Gebieten fühlen Sie sich wohl. Ihr Hauptaugenmerk sollte jedoch immer auf Arbeiten liegen, wo Geduld und Engagement zum Erfolg führen. Sie gehören zu denen, die die Kreativität anderer verstehen und optimal zu nutzen vermögen (z. B. als Bauleiter, der die kreativen Ideen des Architekten zur optimalen Entwicklung bringt).

### Als Arbeitnehmer ...

... sind Sie immer zuverlässig, exakt und tüchtig. Nie übersehen Sie eine Pflicht. Sie lieben einen geordneten Tagesablauf, der gut durchorganisiert ist. Absolut ehrlich, wie Sie sind, gelten Sie als idealer Mitarbeiter.

Bei Ihnen besteht eine gewisse Gefahr, daß andere Ihre Leistungen nicht zu schätzen wissen. Daß man Sie übergeht, weil man sich manchmal nicht im klaren darüber ist, daß Sie erst die Basis für den Erfolg eines anderen geschaffen haben. Achten Sie darauf, daß Sie nicht allzu bescheiden sind, wenn Sie vorwärtskommen wollen.

### Als Arbeitgeber oder Chef ...

... sind Sie nicht ganz so ideal. Sie verlangen von anderen die gleiche Selbstaufopferung in Arbeit und Pflicht, die Sie immer zu geben bereit sind. Sie kümmern sich um zu viele Details, die Sie delegieren sollten. Sie belohnen die Tüchtigen Ihrer Gruppe, neigen jedoch dazu, mittelmäßig Begabte zu übersehen.

## Tip:

Nicht jedermann kann so tüchtig, so exakt, so gewissenhaft arbeiten wie Sie. Achten Sie mehr auf die *Mühe*, die weniger Begabte sich machen, statt immer nur Perfektion zu erwarten.

Vergessen Sie nie, daß gerade Ihre Tüchtigkeit andere einschüchtern und verunsichern kann. Helfen Sie ihnen durch Verständnis, damit auch sie ihr volles Potential entwickeln können. Dies gilt vielleicht auch den Kindern gegenüber ...

# Nummer 5: Berufliches

Sie besitzen wesentliche Voraussetzungen zum Erfolg: Intelligenz, Talente, Energie und persönliche Ausstrahlung. Sie interessieren sich jedoch nicht für den Erfolg, wie er landläufig definiert wird (im Sinne von Geld oder Macht). Sie sehen Ihren Erfolg im Meistern von Herausforderungen und im Vermeiden von Langeweile! Sie müssen Ihre Arbeit sehr gut wählen, da Sie sonst Gefahr laufen, sich zu zersplittern bzw. zu häufig Stellungen zu wechseln. Sie eignen sich daher besonders für Berufe, die viel Veränderung, Aufregung oder Neues mit sich bringen, z. B. Journalist, Schriftsteller, Werbefachmann, Fotograf, Unterhalter, Kriminalbeamter, Jäger, Flieger oder Börsenmakler. Besonders alle Arbeiten, die mit Wort (in Schrift und Ton) zu tun haben, sind für Sie ideal. Sie können es auf (fast) jedem Gebiet zu etwas bringen, vorausgesetzt, daß es Sie interessiert und daß Sie nicht allzuviel Routinearbeiten erledigen müssen.

## Als Arbeitnehmer ...

... sind Sie, solange Ihre Arbeit Sie wirklich fordert, tüchtig, zuverlässig und erfolgreich. Sie kommen gut mit anderen aus und sind daher ein guter Mitarbeiter, den man gerne in seiner Gruppe hat.

## Als Arbeitgeber oder Chef ...

... sind Sie beliebt, weil Sie Leistungen anderer auch anerkennen können. Allerdings schätzen Sie diejenigen am meisten, die Ihnen Langweiliges und Routine gewissenhaft abnehmen können.

## Tip:

Sie können es sich leisten, sich auf neue oder ungewöhnliche Arbeitsgebiete vorzuwagen. Sie könnten sogar neue Berufe schaffen, wenn Sie eine Marktlücke entdecken.

Haben Sie sich schon einmal überlegt, ob Sie sich nicht selbständig machen wollen? Oder sind Sie es schon?

## Nummer 6: Berufliches

Sie könnten es auf den Gebieten der schöpferischen Künste (Malerei, Bildhauerei, Schriftstellerisches) sehr weit bringen. Aber meist stehen diese Neigungen im Konflikt mit Ihrer großen Verbundenheit mit Ihrer Familie, in die Sie viel Zeit und Energie investieren. Sie bewundern Tüchtigkeit und gute Leistung mehr als den sog. Erfolg (im Sinne von Ruhm oder Macht). Durch Ihr Bemühen zu helfen, sind Sie für Lehr- oder soziale Berufe geeignet. Wenn Sie Arzt wären, wären Sie als Hausarzt besser ausgefüllt als in einer Spezialistenrolle. Viele Sechser schaffen es, die soziale Leiter sehr weit zu erklimmen, weil sie jemanden hatten, der sie ein wenig anschob, so daß sie ihre Fähigkeiten optimal einsetzen und erfolgreich werden konnten. Auf alle Fälle werden Sie immer am besten mit anderen Menschen arbeiten, weil Sie gern und gute Kontakte pflegen können.

### Als Arbeitnehmer ...

... sind Sie ideal: ehrlich, loyal und aufmerksam im Detail. Sie freuen sich über eine eigene gute Leistung, so daß Ihre Motivation von innen kommt. Ihnen muß man nicht alles dreimal sagen. Außerdem kommen Sie mit Kollegen und Vorgesetzten gleich gut aus.

### Als Arbeitgeber oder Chef ...

... sind Sie immer bemüht, Ihren Mitarbeitern zu helfen und sie zu unterstützen. Manchmal zu sehr, so daß andere sich wehren, weil sie selbständiger arbeiten möchten. Ihr soziales Gewissen ›den Ihren‹ gegenüber übertragen Sie auch auf Angestellte. Achten Sie darauf, daß Gewohnheitskrankmacher und Schmarotzer diese Tendenzen nicht ausnützen.

### Tip:

Lernen Sie, sich nicht im Detail zu verlieren und sich nicht ausnützen zu lassen. Versuchen Sie immer, *mit anderen* zu arbeiten, da Ihre große Stärke im zwischenmenschlichen Kontakt liegt. Und bevormunden Sie andere nicht, lassen Sie sie selbständig werden. Nutzen Sie Ihre schöpferischen Fähigkeiten, zumindest im Hobby; dadurch werden Sie tiefe Zufriedenheit erlangen.

## Nummer 7: Berufliches

Sie arbeiten am besten unter minimaler Aufsicht oder Kontrolle. Sie neigen zu künstlerischem Gestalten, besonders auf den Gebieten der Erziehung, der Wissenschaften oder der Religion.

Durch Ihr unermüdliches Bestreben, gute Arbeit zu leisten, sowie durch Ihre Geduld im Umgang mit anderen und Ihr rasches Auffassungsvermögen können Sie sehr weit kommen.

Durch Ihre Neigung zum Schönen fühlen Sie sich (auch beruflich) in Museen und Galerien wohl. Aber auch in der Seefahrt oder durch Reisetätigkeit können Sie Ihre Erfüllung finden.

Sie haben großartige Ideen, vergessen aber gelegentlich das Tagesdetail in Ihrer Planung.

## Als Arbeitnehmer ...

... sind Sie verläßlich, hart arbeitend; selten launisch oder schwierig – aber nur, solange man Sie nicht ständig kontrolliert bzw. Ihre Initiative drückt. Wenn dies passieren sollte, kann es sein, daß Sie in Auseinandersetzungen geraten und eines Tages (für Ihren Chef völlig überraschend) kündigen.

## Als Arbeitgeber oder Chef ...

... fühlen Sie sich nicht besonders wohl. Sie hassen das Geben von Anweisungen genauso wie das Befolgen-*Müssen* derselben. Sie schätzen diejenigen Mitarbeiter am meisten, denen Sie am wenigsten ›sagen‹ müssen, Menschen, die selbständig denken können und Eigeninitiative entwickeln.

## Tip:

Sehr große Möglichkeiten liegen für Sie im Freiberuflichen, wenn Sie die Möglichkeit und den Mut dazu haben. Hier können Sie selbständig planen, ohne andere beaufsichtigen zu müssen, und hier können Sie Ihre Talente und Fähigkeiten optimal einsetzen.

Es gibt übrigens auch in Firmen Einzelposten, die einer freiberuflichen Tätigkeit sehr nahe kommen. Man muß sie nur finden ...

## Nummer 8: Berufliches

Das ›große Geschäft‹ hat Sie von Jugend auf schon immer magisch angezogen. Sie eignen sich besonders für Positionen von großer Autorität, denn Sie verfügen über ausgeprägte Selbstdisziplin, starke Konzentration (s. Kapitel 10) und die Fähigkeit, auch ungewöhnliche Wege zu gehen, wenn die Problematik eine ungewöhnliche ist. Sie sind ein tüchtiger Planer und Organisator und können ausgefallene Ideen produzieren, verstehen und auch realisieren. Wenn Sie Ihre Richtung sorgfältig wählen (im Einklang mit Ihrer Persönlichkeit), können Sie es weit bringen. Wenn Sie Ihre unerhörte Dynamik jedoch falsch einsetzen, könnten Sie einiges zerstören.

Lernen Sie, berufliche Herausforderungen nicht mit persönlichen zu verwechseln, sonst laufen Sie Gefahr, Ihre gut ausgeprägten analytischen Fähigkeiten abzuschwächen.

### Als Arbeitnehmer ...

... zeichnen Sie sich durch besondere Verläßlichkeit und Tüchtigkeit aus. Sie erbringen Leistung, weil Sie gerne arbeiten und über ausgezeichnete Konzentration verfügen. Allerdings kann es passieren, daß Kollegen Ihre zielstrebige Art falsch interpretieren. Üben Sie Takt und Diplomatie, wenn Sie Reibereien verhindern wollen.

### Als Arbeitgeber oder Chef ...

... sind Sie aufregend: ein menschlicher Dynamo von unerhörter Ausstrahlung, der von seinen Mitarbeitern Höchstleistungen verlangt. Fähige Mitarbeiter geben diese auch bereitwillig. Allerdings gilt es zu bedenken, daß nicht alle so engagiert sein können wie Sie. Achten Sie darauf, daß Sie weniger Enthusiastische oder weniger Begabte nicht allzusehr übersehen.

## Tip:

Denken Sie manchmal daran, daß es Menschen gibt, die in ihrer Arbeit nicht die Erfüllung persönlicher Ziele sehen. Menschen, die nur arbeiten, um so gut wie möglich zu leben. Ihre Art zeichnet Sie zwar aus, gibt Ihnen aber nicht das Recht, Andersdenkende zu verurteilen. Nicht jeder will in seinem Beruf so aufgehen wie Sie.

## Nummer 9: Berufliches

Sie arbeiten am liebsten in einer helfenden Funktion. Sie können ein hervorragender Führer, Arzt, Pfleger oder Sozialhelfer sein. Obwohl etwas reserviert, arbeiten Sie doch gerne in oder vor Gruppen (z. B. als Dozent oder Pfarrer). Daher könnten Sie auch auf den Gebieten der Unterhaltung oder der Politik Ihren Weg machen.

Sie suchen das Unverstandene oder Übernatürliche. Deswegen könnten Sie auch auf den Gebieten der Psychologie (besonders der Hypnose), Parapsychologie arbeiten oder ein erfolgreicher Zauberer werden. Sie sind ein Philosoph. Trotzdem können Sie ein erfolgreicher Geschäftsmann sein, weil Sie auch in praktischen Dingen große Umsicht und Verständnis zeigen und weil Sie es gewöhnt sind, Ihre Lage genau zu durchdenken.

Auf den Gebieten des Verkaufs, der Werbung oder des Finanzwesens sollten Sie sich nur betätigen, wenn Sie auch hier wirklich *helfen* können. Auf dem Gebiet der Rechtswissenschaften neigen Sie dazu, immer den Unterdrückten oder Armen zur Seite stehen zu wollen.

## Als Arbeitnehmer ...

... sind Sie etwas wechselhaft: enthusiastisch heute, gelangweilt morgen, tagträumerisch übermorgen. Um Ihr Bestes zu geben, müssen Sie fest an die Sache glauben können! Sie müssen sich emotional engagieren können – dann leisten Sie Unglaubliches!

## Als Arbeitgeber oder Chef ...

... zeichnen Sie sich besonders durch einen Sinn für Fairneß und große Ehrlichkeit aus. Sie müssen immer darauf achten, daß andere Ihre ›weiche Art‹ nicht ausnützen.

## Tip:

Je höher die Funktion, die Sie innehaben, desto wichtiger wird es für Sie, einen tüchtigen Assistenten zu finden, der Sie vor Leuten abschirmt, die Sie ausnützen möchten. Jemand, der etwas sachlicher und etwas weniger ›menschlich‹ reagiert als Sie.

## KAPITEL 7

# Namensanalyse III

## Gelddinge und materielle Analyse

### Nummer 1: Gelddinge

Wenn Sie Ihre Ungeduld und Ihren Hang zum Übermut zügeln können, steht Ihnen das Tor sowohl zu Reichtum als auch zu Ruhm offen. Leider aber haben Sie die Neigung, Geld genauso schnell auszugeben, wie Sie es verdienen. Manch ein Einser hat zwei- oder dreimal schon Reichtum besessen und wieder verloren.

Achten Sie auf die Gefahr, zu viel Geld herzuleihen bzw. zu große (finanzielle) Risiken einzugehen.

Wenn Sie Vorsicht und Geldplanung nicht lernen können, überlassen Sie Ihre Finanzverwaltung lieber einer Vertrauensperson, um sich selbst vor eigenem Übermut und Leichtfertigkeit in Gelddingen zu schützen.

**Tip:**

Überprüfen Sie den Wert Ihrer eigenen Leistung, ehe Sie eine Honorierung derselben vornehmen. Damit vermeiden Sie die für Sie große Gefahr, sich ›unter Ihrem Preis‹ zu ›verkaufen‹, weil Sie selbst den Wert des Geldes zu gering einschätzen bzw. weil Sie manchmal zu bescheiden sind, wenn es darum geht, Ihren beruflichen Wert festzulegen.

## Nummer 2: Gelddinge

Sie haben ein gutes Gefühl für Gelddinge und das Verwalten bzw. Erhalten materieller Güter.

Selten extravagant, meiden Sie Schulden wie die Pest. Sie (ver)handeln gerne. Sie achten auch auf Sonderangebote, Preise oder Auktionen, bei denen Sie eine glückliche Hand haben. Eine gesparte Mark ist für Sie eine verdiente Mark. Wenn Sie Geld zum Investieren besitzen, neigen Sie zu Immobilien, sicheren Aktien, Pfandbriefen oder Regierungssparangeboten.

Sie spekulieren selten und gehen nur kalkulierbare und überschaubare (kleine) Risiken ein. Nur ein Risiko übersehen Sie zu häufig: Anleihen an Freunde, die später ›vergessen‹, diese zurückzuzahlen. Da Sie Disharmonie und Streit fürchten, genieren Sie sich, solche Gelder zurückzufordern.

### Tip:

Machen Sie in Gelddingen zwischen Freunden und Fremden keine Unterschiede! Lassen Sie sich die Anleihe schriftlich bestätigen. Damit verringern Sie die Gefahr, daß der andere sie ›vergißt‹. Bieten Sie chronischen ›Hilfesuchenden‹ lieber eine andere Hilfestellung an, wenn möglich. Damit halten Sie sich die Schmarotzer und ›Vergesser‹ leichter vom Leibe.

## Nummer 3: Gelddinge

Sie neigen dazu, Geld zu verschwenden — und zwar sowohl das Ihre als auch das anderer Leute.

Sie sind (zu) großzügig in Gelddingen; Sie geben gerne viel und häufig.

Sie denken nicht ans Sparen. Sie meinen, Geld sei dazu da, Angenehmes zu (er)kaufen, nicht aber, um irgendwo zu vermodern.

Gott sei Dank haben Sie jedoch die Fähigkeit, viel Geld zu verdienen; so daß Sie trotz Ihrer ›Von-der-Hand-in-den-Mund‹-Tendenz selten wirkliche Not leiden werden.

**Tip:**

Aber für Ihr Alter sollten Sie vorsorgen; besonders, wenn Sie freiberuflich tätig sein sollten und später keine Rente beanspruchen können. Legen Sie systematisch 10 bis 20 % Ihres Einkommens beiseite, und tun Sie so, als ob Sie dieses Geld nie eingenommen hätten. Am besten auf ein Sonderkonto, welches Sie auch in Krisenzeiten nicht anrühren. Oder lassen Sie eine Versicherungssumme monatlich abbuchen, damit Sie nicht Gefahr laufen, Ihre Beiträge zu ›vergessen‹. Denn: Wenn Sie diese Summen wirklich nicht eingenommen hätten, hätten Sie es auch irgendwie geschafft!

## Nummer 4: Gelddinge

Sie sind sparsam und umsichtig mit Geld. Sie nutzen Gelegenheitskäufe und Sparmöglichkeiten, wo immer möglich. Sie sind jedoch nicht geizig; nur sehen Sie im Geld einen Sicherheitsfaktor allerersten Ranges, weswegen Sie so vorsichtig damit umgehen.

Sie sind sehr praktisch veranlagt, was Gelddinge angeht. Sie vermeiden jedes Risiko, sei es noch so klein. Sie versuchen, jede Mark bis zum letzten Pfennig auszuschöpfen. Ihr Motto: Wer den Pfennig nicht ehrt, ist des Talers nicht wert!

**Tip:**

Durch Ihre große Geduld und Ihr ausgeprägtes Sicherheitsbedürfnis, was Finanzielles angeht, könnten Sie besonders gute

Ergebnisse durch (seriöse!) und langfristig angelegte Investierungen erzielen. Sie haben nämlich das Ausharrvermögen, Ihr Geld lange genug in einem Fonds zu belassen; außerdem werden Sie dazu neigen, selbst die Zinsen zurückzuinvestieren.

## Nummer 5: Gelddinge

Sie neigen dazu, Gelddinge zu übersehen bzw. sie zu vergessen. Ihnen fehlt es an der richtigen Planung. Sie können zehn oder tausend Mark in der Tasche haben, ohne daß dies Ihr Verhalten besonders verändert.

Sie könnten durch Spekulation sehr viel erreichen, Sie könnten aber auch über Nacht alles verlieren, weil Sie einfach ›vergessen‹, Ihre Papiere über Börsenberichte mitzuverfolgen.

Ihr Problem ist also überwiegend die Planung und Organisation Ihrer Geldangelegenheiten. Daher planen Sie auch zu wenig Sicherheit für das Alter, weil Sie denken: Irgendwie wird es schon weitergehen. Damit aber können Sie sich und Ihre Angehörigen in Gefahr bringen, besonders wenn Sie gerade eine Ihrer Ideen (die Geld kostet) verwirklichen wollen.

**Tip:**

Suchen Sie sich eine Vertrauensperson oder eine gute Bank, die Ihre Geldangelegenheiten für Sie verwaltet und Sie von tollkühnen Spekulationen abhält bzw. Sie durch milden Zwang dazu bringt, Ihre Zukunft finanziell besser abzusichern!

## Nummer 6: Gelddinge

Ihnen geht es mehr darum, das Morgen abzusichern, als heute schon spektakuläre Gewinne einzustreichen. Sie borgen ungern und dann nur in allerhöchster Not. Sie neigen zu Geiz, allerdings nur im finanziellen Bereich, während Sie auf anderen Gebieten durchaus großzügig zu nennen sind.

Sie gehen kein Risiko ein. Lieber eine kleine, aber sichere Rendite (Spatz in der Hand) als ein möglicher großer Gewinn (Tauben auf dem Dach)!

Selbst wenn Sie (z. B. durch eine Erbschaft) sehr wohlhabend werden, sind Sie kein Angeber. Sie respektieren Geld, beten es aber nicht an.

**Tip:**

Seien Sie anderen Menschen gegenüber, die ihr Geld freizügiger ausgeben als Sie, toleranter. Ihr Modus ist *für Sie* ideal, muß aber nicht für alle Menschen der bestmögliche sein!

## Nummer 7: Gelddinge

Sie sind weder besonders interessiert, noch besonders beeindruckt, was Gelddinge angeht. Geld ist für Sie eine Notwendigkeit, um die täglichen Bedürfnisse zu befriedigen.

Ab und zu geben Sie einmal zuviel aus; aber selten. Im allgemeinen planen Sie Finanzielles gut und legen ein wenig auf die hohe Kante zurück, wenn möglich, für später.

Da Sie weder zuviel Interesse noch besondere Begabung für Gelddinge haben, neigen Sie dazu, die finanzielle Seite Ihres Lebens zu übersehen.

**Tip:**

Wenn Sie jemanden finden können, dem Sie Ihre Geldangelegenheiten anvertrauen können, so tun Sie dies! Warum nicht durch die Talente anderer profitieren, was Gelddinge angeht. Was man für solche Dienste zahlt, holt Ihnen der Fachmann mehrfach wieder herein, da er Dinge sieht, die Sie völlig übersehen hätten und dadurch mehr aus Ihrem Geld macht, als es Ihnen möglich gewesen wäre.

## Nummer 8: Gelddinge

Sie haben eine ›goldene Hand‹, was Geldangelegenheiten angeht. Sie verlangen den vollen Gegenwert für jede Mark, die Sie ausgeben. Einerseits verachten Sie Leute, die zuviel Geld verschwenden; andererseits sind Sie jedoch durchaus bereit, für karitative Zwecke große Summen zu spenden.

Sie haben ein ausgesprochenes Flair für Investmentangelegenheiten. Sie haben die guten Nerven eines Profis, gekoppelt mit dem gesunden Einschätzungsvermögen und der Geduld eines Bankiers. Diese Kombination macht sich für Sie in barer Münze bezahlt.

**Tip:**

Vielleicht könnten Sie Ihre finanziellen Talente auch für andere verwenden, z. B. als Investmentberater oder Börsenmakler?

## Nummer 9: Gelddinge

Sie sind nicht immer praktisch genug in Gelddingen, um hier weise zu handeln. Sie können zwar unerhörtes Glück haben, aber damit darf man nicht rechnen.

Sie sind (fast zu) großzügig. Sogar wenn dies Sie in Schulden stürzt, weil Sie anderen helfen wollen. Weswegen man auch gerne und wiederholt zu Ihnen kommt, wenn man in Not ist.

Sie mögen Geld, ohne ihm einen zu großen Stellenwert in Ihrem Leben zu geben. Sie sehen es nicht als Mittel, um Ruhm oder Macht zu gewinnen.

### Tip:

Lernen Sie, die wirklich Hilfebedürftigen von Schmarotzern und Parasiten zu unterscheiden. Achten Sie auch darauf, daß selbst die eigenen Kinder es lernen müssen, sich eines Tages selbständig durchzubringen, ohne den Eltern immer wieder auf der Tasche zu liegen!

KAPITEL 8

# Namensanalyse IV

## Liebe und Partnerschaft

### Nummer 1: Liebe und Partnerschaft

Bei Ihnen besteht eine große Neigung zu versuchen, den Partner zu beherrschen. Je mehr Sie den anderen lieben, desto größer wird diese Tendenz.*

Unter günstigen Umständen sind Sie sehr liebevoll. Allerdings haben Sie manchmal Schwierigkeiten, Ihre Gefühle auch auszudrücken. Darunter aber kann der Partner leiden, besonders wenn Sie der Mann und der Partner eine Frau ist.

Wenn man Sie verärgert, können Sie manchmal ausgesprochen grob werden. Dann kränken Sie den Partner, ohne ihm weh tun zu wollen, weil Sie gar nicht merken, wie verletzend Ihre Bemerkungen gelegentlich sind.

Manchmal neigen Sie dazu, zuviel Besitz vom anderen ergreifen zu wollen.

### Nummer 2: Liebe und Partnerschaft

Sie sind ein idealer Partner: Sehr warmherzig und zärtlich von Natur, sind Sie bereit, (fast) alles für den anderen zu tun. Sie sehen sich als Helfer innerhalb der Partnerschaft. Nur sehr selten selbst fordernd, sind Sie immer bereit zu geben.*

Seien Sie vorsichtig in der Wahl Ihres Partners, damit das

* Wenn Sie wollen, können Sie im Anhang nachschlagen, welche ›numerologischen‹ Partner Ihnen die Numerologen als ideal bzw. nicht so geeignet ›verschreiben‹. Seite 114 ff.

romantische Element gewisse verstandesmäßige Gesichtspunkte nicht völlig überrollt. Manchmal können Sie etwas zu naiv sein oder auch zuviel Vertrauen in einen unwürdigen Partner setzen.

Wenn Sie ein Mann sind: Hüten Sie sich vor einer Partnerin, die Ihre Art ausnützt oder Sie ›am Gängelband‹ führt, weil Sie sich nicht immer stark genug durchsetzen wollen.

## Nummer 3: Liebe und Partnerschaft

Sie sind fähig zu einer tiefen, lang anhaltenden Liebe. Allerdings besteht bei Ihnen die Tendenz, sich einige Male zu verlieben, *ehe* Sie die große Liebe gefunden haben.*

Wenn Sie unverheiratet bleiben, werden andere Sie manchmal als geeigneten Flirt ansehen, weil Sie ab und zu die Partner wechseln.

Es kann eine Neigung bestehen, mehr in das Verliebtsein als in den Partner verliebt zu sein.

Wenn Sie heiraten, sind Sie ein guter und beständiger Partner. Sie sind zärtlich und warmherzig und können dies auch zum Ausdruck bringen. Außerdem verbinden Sie tiefe Gefühle zu Ihren Kindern und anderen Familienmitgliedern.

## Nummer 4: Liebe und Partnerschaft

Sie verlieben sich nicht leicht. Sie sind vorsichtig und praktisch veranlagt und nähern sich dem anderen nur langsam. Daher brauchen Sie eine lange ›Anlaufzeit‹.*

Sie sind die ideale Ergänzung für jeden, der einen verläß-

* Wenn Sie wollen, können Sie im Anhang nachschlagen, welche ›numerologischen‹ Partner Ihnen die Numerologen als ideal bzw. nicht so geeignet ›verschreiben‹. Seite 115 ff.

lichen, hart arbeitenden Partner sucht. Für einen überwiegend romantisch veranlagten Typ sind Sie jedoch nicht der ideale Partner.

Manchmal sind Sie etwas reserviert, gelegentlich jedoch auch sentimental. Sie brauchen eine tiefe Liebesbeziehung. Ohne eine solche ist Ihr Leben leer und öde. Allerdings haben Sie manchmal Schwierigkeiten, Ihre Liebe auch auszudrücken.

## Nummer 5: Liebe und Partnerschaft

Sie ziehen Partner an wie die Blume die Schmetterlinge. Sie wirken wie ein Magnet auf das andere Geschlecht, egal wie Sie aussehen. Sie sind sehr sinnlich veranlagt. Es besteht eine Neigung, zu romantisch zu sein.*

Sie fassen schnell Zuneigung. Eine Ehe mit Ihnen ist Himmel oder Hölle – aber kein Mittelding! Mit dem richtigen Partner sind Sie sehr zärtlich, und Ihr Zusammenleben wird immer aufregend sein. Mit einem ungeeigneten Partner hingegen werden Sie launisch, ziehen sich zurück und spielen öfters die ›beleidigte Leberwurst‹.

Als Partner kommt nur in Frage, wer Sie nicht ›umkrempeln‹ will, sondern Sie so liebt und akzeptiert, wie Sie nun einmal sind!

## Nummer 6: Liebe und Partnerschaft

Sie verlieren sich nicht leicht an jemanden: Sie suchen eine beständige, andauernde Partnerschaft. Es besteht die Gefahr, daß Sie sich zuweilen zu sehr auf die Partnerschaft und die

* Wenn Sie wollen, können Sie im Anhang nachschlagen, welche ›numerologischen‹ Partner Ihnen die Numerologen als ideal bzw. nicht so geeignet ›verschreiben‹. Seite 116 ff.

Familie konzentrieren. Sie können sehr lieb und zärtlich, manchmal sogar fast überschwenglich im Ausdruck Ihrer Liebe sein. Dies kann andere Familienmitglieder, die weniger überschwenglich in ihrer Art sind, befremden oder ›erdrücken‹.*

Im Gegensatz zu vielen Menschen können Sie einen Partner, der dazu neigt, andere zu beherrschen, voll akzeptieren. Sie mögen es, wenn der andere für Sie mitplant und Ihnen gewisse Entscheidungen abnimmt.

Vorsicht vor Partnern, die viel Einsamkeit brauchen, da Sie ihn nicht gut verstehen könnten und dann dazu neigen würden, ihm zu viele Vorwürfe zu machen.

## Nummer 7: Liebe und Partnerschaft

Bei Ihnen besteht die Neigung, entweder sehr früh oder aber überhaupt nicht zu heiraten. Je älter Sie werden, desto reservierter und in sich zurückgezogener werden Sie. Daher wird es für Sie immer schwieriger, Ihre Gefühle dem anderen gegenüber auszudrücken.*

Sie sind allerdings sehr zärtlich veranlagt, nur gelingt es Ihnen nicht leicht, das auch zu zeigen.

Durch Ihre intellektuellen Interessen sind Sie nie sehr abhängig von der Partnerschaft. Wenn Sie ein Mann sind, kann es sein, daß Ihre Partnerin darunter leidet.

Wenn Sie einen Partner finden, dessen Talente und Fähigkeiten Sie bewundern, sind Sie tolerant, was seine etwaigen Schwächen oder Fehler angeht.

---

* Wenn Sie wollen, können Sie im Anhang nachschlagen, welche ›numerologischen‹ Partner Ihnen die Numerologen als ideal bzw. nicht so geeignet ›verschreiben‹. Seite 116 ff.

## Nummer 8: Liebe und Partnerschaft

Sie schwanken von Gefühlen der tiefsten Verbundenheit zum Partner bis hin zu Desinteresse für ihn. Heute überschwenglich und zärtlich – morgen zerstreut und unaufmerksam. Bei Ihnen gibt es keine Mitte, immer nur das eine oder andere Extrem. Daher wird eine Partnerschaft mit Ihnen viel Auf und Ab haben, aber nie langweilig sein.*

Sie wirken sehr positiv auf Menschen des anderen Geschlechts durch Ihre Dynamik und Energie, mit der sie alles angehen. Wenn Sie allerdings einen Partner wählen, der auch eine starke Persönlichkeit ist, wird es wahrscheinlich viel Krach geben.

Achten Sie auf Ihre Neigung, von anderen in allen Dingen das gleiche tiefe Engagement zu erwarten, das Sie aufbringen. Der Partner hat das Recht, andere Dinge gut zu finden als Sie. Dies ist ja kein Angriff auf Ihre Person!

## Nummer 9: Liebe und Partnerschaft

Die Ehe oder Partnerschaft ist Ihnen heilig. Sie sind sehr treu und loyal veranlagt. Daher ist Ihnen Untreue fast unmöglich. Sie akzeptieren den anderen so, wie er ist. Die Familie bedeutet Ihnen überhaupt sehr viel. Sie sind überrascht und verletzt, wenn ein Familienmitglied etwaige familiäre Schwierigkeiten mit Außenstehenden bespricht.*

Sie sind weder besonders romantisch noch sentimental in Ihrer Art. Das führt dazu, daß Sie manchmal gedankenlos erscheinen, weil Sie anderweitig engagiert sind und darüber einen Hochzeits-, Geburts- oder Namenstag vergessen haben.

Zärtlichkeit wird von Ihnen nur in kleinen Dosen verabreicht oder akzeptiert. Sie brauchen die Liebe jedoch mehr, als Sie wahrhaben wollen. Erst wenn die Partnerschaft (zeitweilig) unterbrochen wird, lernen Sie, ihren Wert für Sie zu schätzen.

---

* Wenn Sie wollen, können Sie im Anhang nachschlagen, welche ›numerologischen‹ Partner Ihnen die Numerologen als ideal bzw. nicht so geeignet ›verschreiben‹. Seite 117 ff.

DRITTER TEIL

# Numerologie praktisch genutzt

KAPITEL 9

## Das magische Quadrat

Bis jetzt haben wir eigentlich noch keine richtige Numerologie, sondern nur Vorarbeiten zu derselben betrieben. Vielleicht verwundert Sie das. Aber vergleichen Sie einmal die Mühe, die es macht, ein Horoskop auszuwerten, mit der Leichtigkeit, mit der Sie bis jetzt gearbeitet haben.

Der Vorteil, den die Numerologie dem Laien bietet, ist der, daß Sie kein Fachwissen benötigen, um Ihre Analyse vorzunehmen. Aber auch hier muß man mehr in ›die Tiefe‹ gehen, will man sich ein exakteres Bild verschaffen.

Die bisherigen Auswertungen halfen Ihnen, sich und andere klarer zu sehen, eine Art Bilanz zu ziehen und vielleicht auch offene und anregende Diskussionen mit Freunden einzuleiten.

Die folgenden Anleitungen werden Ihnen helfen, sich ein akkurates Bild von der Numerologie selbst zu verschaffen. Denn nur so können Sie sich entscheiden, ob Sie diese ›Wissenschaft‹ für interessant und zutreffend halten werden oder nicht.

Vielleicht stellen Sie auch fest, daß wesentlich mehr Zutreffendes gefunden wird als bisher. Wieso? Weil die Grundauswertungen, die wir bisher vorgenommen haben, lediglich vergleichbar sind mit der Grundauswertung des ›Stiers‹ oder der ›Jungfrau‹ in der Astrologie. Sie wissen aber, daß man als nächstes forscht, ob der ›Stier‹ einer der ersten, zweiten oder dritten Dekade ist; weil dies die Auswertung bereits erheblich beeinflussen wird.

So ähnlich ist es hier auch. Es gibt zwar keine ›Dekaden‹,

aber es gibt mehr oder weniger harmonische Nummern. Dies beeinflußt die Analyse. Es gilt der Satz:

*Je harmonischer eine Nummer in ihrer Zusammensetzung, desto treffender wird die Grundanalyse die Person beschreiben.*

Nun gilt es nur herauszufinden, wie harmonisch Ihre Namensnummer ist. Dazu dient das magische Quadrat.

Tragen Sie Ihren Namen und die Ziffern der einzelnen Buchstaben noch einmal hier ein oder sehen Sie auf Seite 50 nach.

| | | | | | | | | | | | | |
|---|---|---|---|---|---|---|---|---|---|---|---|---|
| | | | | | | | | | | | | |

Nun gilt es herauszufinden, *wie häufig die einzelnen Nummern auftauchen bzw. welche Nummern völlig fehlen!*

FALLBEISPIEL WOLFGANG WEIN

| | | | | | | | | | | | | |
|---|---|---|---|---|---|---|---|---|---|---|---|---|
| 5 | 6 | 3 | 6 | 7 | 1 | 5 | 7 | | 5 | 5 | 9 | 5 |
| W | O | L | F | G | A | N | G | | W | E | I | N |

Wenn Sie den Namen genau betrachten, stellen Sie folgende Zusammensetzung fest:

Nummer 1 ist nur einmal vorhanden
Nummer 2 ist überhaupt nicht vorhanden
Nummer 3 ist nur einmal vorhanden
Nummer 4 ist überhaupt nicht vorhanden
Nummer 5 ist fünfmal vorhanden!!!
Nummer 6 ist zweimal vorhanden
Nummer 7 ist ebenfalls zweimal vorhanden
Nummer 8 ist überhaupt nicht vorhanden
Nummer 9 ist nur einmal vorhanden.

Sie sehen also bereits, daß Wolfgang Wein keinen ›harmonischen Einser‹ abgibt und daß deshalb auch die Namensanalyse des Einsers nicht sehr zutreffend sein kann!

Da aber das Erstellen einer solchen Liste zu umständlich wäre, tragen wir das Resultat einfach in das magische Quadrat ein. Hier sehen wir mit einem Blick, welche Kästchen leer bleiben bzw. welche mehrere Striche unserer ›Strichliste‹ bekommen. Bei Wolfgang Wein sieht das dann so aus:

Das magische Quadrat für Wolfgang Wein:

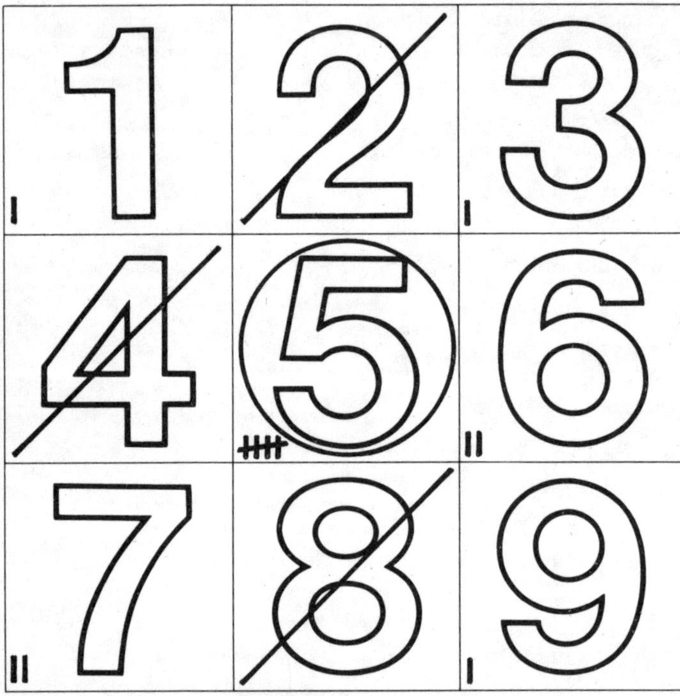


Wenn Sie dann die leeren Felder noch dick durchstreichen und um eine Ziffer, die unverhältnismäßig oft erscheint, einen Kreis ziehen, haben Sie einen sehr schnellen, optischen Überblick.

Wir wissen also nun, daß Wolfgang Wein in den Tendenzen des Fünfers mitbewertet werden muß, während ihm Tendenzen der 2, 4 und 8 völlig fehlen.

Da es nun zu mühsam wäre, sämtliche Auswertungsdaten

aller Nummern im Kopf zu haben, folgt hier eine Kurzauswertung der Hauptgrundzüge einer jeden Nummer. Mit dieser Zusammenstellung kann man rasch einen Blick für die Schwerpunkte in Wolfgang Weins Psychoporträt gewinnen. Wenn man diese dann im Kopf hat und nun noch einmal seine Grundauswertung liest (S. 50), wird man verstehen, warum gewisse Punkte in dieser Analyse für ihn unzutreffend sein mußten.

Genauso gehen Sie nun mit Ihrem eigenen Namen vor: Zunächst machen Sie die ›Strichliste‹ im magischen Quadrat:

| | | |
|---|---|---|
| 1 | 2 | 3 |
| 4 | 5 | 6 |
| 7 | 8 | 9 |

Dann lesen Sie die Kurzauswertungen, um festzustellen, welche Tendenzen bei Ihnen unter- bzw. überentwickelt sind. Gehen Sie dann zu Ihrer Grundauswertung in den Kapiteln 5 bis 8 zurück und ›verbessern‹ Sie diese durch kleine Bleistiftnotizen am Rand. Sie werden sehen, daß manches ›Fehlurteil‹ sich vielleicht aufgrund einer Disharmonie Ihrer Nummer erklärt. So nämlich geht der Numerologe auch vor.

## Kurzanalyse der Nummern für die Auswertung des magischen Qudrates:

### Nummer 1

Intellektuell und maskulin. Veränderungen im Sinne von Pionierarbeiten und Erfindungen oder Neues lernen. Kraft der Konzentration (s. Kapitel 10) um so besser entwickelt, je häufiger die 1 im Namen vorkommt. Je stärker die 1 im Namen, desto ausgeprägter auch die Tendenz zu dominieren oder zu unterdrücken, wenn eigene Ziele nicht erreicht werden können.

Im Positiven verstärkt die 1 alles Kreative, Vitale, Dynamische, Originalität und Brillanz.

### Nummer 2

Form- und lebengebend, feminin. Gefühlswelt gut ausgeprägt, daher auch starke Intuition. Kooperativ und taktvoll. Langsam, aber stetig zum Ziel führend. Je stärker die 2 in einem Namen, desto größer der Hang zur Ängstlichkeit, Heimlichtuerei oder Intrige, wenn eigene Ziele nicht verwirklicht werden können.

Im Positiven verstärkt die 2 alles Hilfreiche, Häusliche, Nachdenkliche und Harmonische.

### Nummer 3

Gesetz der Liebe und Zärtlichkeit. Extravertiert und stark ausgeprägt im familiären oder sozialen Bereich. Sucht immer Ausdrucksmöglichkeiten, wobei intellektuelle und emotionale Komponente gemeinsam harmonieren. Je stärker die 3 vertreten ist, desto größer der Hang zur Zersplitterung der Talente, zur Sorglosigkeit, zu einem ›Von-der-Hand-in-den-Mund‹-Leben, wenn eigene Ziele nicht verwirklicht werden können.

Im Positiven verstärkt die 3 alles Hoffende, Freudige, Spielerische und Gebende.

## Nummer 4

Er- und aufbauend, Fundamente schaffend. Organisation und Ordnung. Kühl, intellektuell von Natur. Disziplin und Restriktion durch harte Arbeit. Gerechtigkeit ohne Gnade. Mangelnde Toleranz oder Sympathie. Je stärker die 4 in einem Namen, desto ausgeprägter auch die Tendenz zum Konservativen, Sturen, Belehrenden, wenn eigene Ziele nicht erreicht werden können.

Im Positiven das Unterstützen anderer, besonders das Organisieren und Betreuen, also Arbeiten, die oft von anderen übersehen werden.

## Nummer 5

Sammeln von neuen Erfahrungen. Häufige Veränderungen, Reisen, neue Freunde, Sich-lösen-Können. Interesse an Religion oder religiösen Institutionen. Schnell, manchmal (zu) sorglos, spekulativ, immer nach Freiheit strebend. Je stärker die 5 in einem Namen, desto ausgeprägter die Tendenz zur Inkonsequenz, Sprunghaftigkeit und Leichtsinn oder Impulsivität, wenn eigene Ziele nicht verwirklicht werden können; auch: Neigung zum Sarkasmus.

Im Positiven große Stärken im Verkauf, in der Kommunikation, in der Forschung und im Umgang mit Worten oder Sprache(n).

## Nummer 6

Das Gesetz des Materiellen. Geld durch Mühe und Leistung. Erziehungswesen und Sinn für Partnerschaft und Familie. Auskommen mit Großgruppen oder Instituten. Sucht Schönheit, Harmonie und Rhythmus. Je stärker die 6 in einem Namen, desto ausgeprägter auch die Tendenz zur Kleinkrämerei, zur Bevormundung und zum Hang, sich zu sehr ausnützen zu lassen, weil man sich immer ›opfern‹ will – wenn eigene Ziele nicht erreicht werden können.

Im Positiven große Verantwortungsbereitschaft, kulturelle Leistungen und Hilfsbereitschaft.

## Nummer 7

Gesetz der Kultur und Weiterentwicklung derselben. Erfindungen, Musik und Technik. Gesundheit und Philosophie stark ausgeprägt. Je stärker die 7 in einem Namen, desto ausgeprägter auch die Tendenz zur Stille, Zurückgezogenheit und sogar Hinterlist, wenn eigene Ziele nicht verwirklicht werden können.

Im Positiven originell-analytisch, subtile Effekte, gute zwischenmenschliche Beziehungen und Loyalität.

## Nummer 8

Gerechtigkeit mit Gnade. Große Kräfte und Energien. Besitztum, gute Taten und gemeinsames Teilhaben mit anderen. Aushalte- und Stehvermögen. Je stärker die 8 in einem Namen, desto ausgeprägter auch die Tendenz zur Zerstörung, zu Unfrieden, zu Egoismus, wenn eigene Ziele nicht verwirklicht werden können.

Im Positiven: Ausgeprägte Selbstdisziplin und ausgewogene Urteile, Charisma, Dynamik und Charme.

## Nummer 9

Das Schicksal und das Okkulte. Philosophie und kulturell-künstlerische Entwicklungen. Harmonie zwischen materiellen und geistigen Werten. Je stärker die 9 in einem Namen, desto ausgeprägter auch die Tendenz zur Launenhaftigkeit, zur Aggressivität und zu unproduktiven Tagträumen, wenn eigene Ziele nicht verwirklicht werden können.

Im Positiven: Menschenfreund, sensibel, feine Beobachtungsgabe und intuitiv.

KAPITEL 10

# Den Erfolg planen

## Ihre Hauptnummer

Durch die Machtmaximierung Ihrer Hauptnummer können Sie ungeahnte Kräfte Ihres Unterbewußtseins mobilisieren. Warum, fragen Sie? Weil Sie planvoller und gezielter vorgehen, wenn Sie etwas erreichen wollen. Dadurch aber ziehen Sie Ihre Energien zusammen (s. u.) und erreichen zwangsläufig mehr bei Ihren Mitmenschen. Zuerst aber müssen Sie Ihre Hauptnummer finden:

Sie haben Ihre Schicksalsnummer kennengelernt (Kapitel 1). Ebenso Ihre Namensnummer (Kapitel 5). Nun fragen Sie sich:

Welche Auswertung trifft mehr auf mich zu, bzw. welche Analyse entspricht meinen Zielvorstellungen mehr? Oder: Welche Nummer erscheint mir die sympathischere? Diese ernennen Sie dann zu Ihrer Hauptnummer.

Tragen Sie diese bitte hier ein:

| |
|---|
| |

## Machtmaximierung dieser Hauptnummer

Das Schlüsselwort der Machtmaximierung heißt: *Konzentration!* Wir könnten dies sogar noch etwas deutlicher formulieren:

> Die Machtmaximierung Ihrer Hauptnummer erreichen Sie allein durch Konzentration!

Die Kraft der Konzentration ist bei allem, was Sie unternehmen, der Schlüssel zum Erfolg. Allerdings wird diese Kraft im allgemeinen ganz erheblich unter- bzw. falsch eingeschätzt.

Beobachten Sie einmal Ihre Mitmenschen: Wie ›wischiwaschi‹ reden doch die meisten! Wie ungenau drücken sie sich aus! Wie unklar formulieren sie ihre Gedanken! Wie ungenau arbeiten sie! Wie wenig wissen sie oft, was sie wollen bzw. warum sie etwas so oder anders tun. Wie schwer fällt es doch den meisten, eigene Gedankengänge zu Papier zu bringen oder Ihnen kurz und bündig zu erklären, worauf es ihnen ankommt. Oft stellt man selbst bei angestrengtem Zuhören fest, daß der andere . . .

- ☐ nichts Konkretes zu sagen hat,
- ☐ sehr wohl etwas sagen möchte, es aber nicht vermag, seine Gedanken zu ordnen; so daß er sich ständig in ›geistigen Umleitungen‹ verliert,
- ☐ sowohl etwas sagen möchte, als auch seine Gedanken zu ordnen vermag; aber so wenig *Kraft* ausstrahlt, daß Sie sich immer wieder dabei ertappen, abzuschalten oder sich zu langweilen.

Wie anders hingegen verhält es sich bei einem typischen Blender: Er hat diese Kraft der Konzentration so weit gemeistert, daß Sie ihm *begeistert zuhören* — um allerdings erst sehr viel später festzustellen, daß er eigentlich gar nichts von Bedeutung zu sagen hatte!

Dasselbe gilt im schriftlichen Bereich. Der eine Brief- oder Artikelschreiber vermag Ihre Aufmerksamkeit selbst dann nicht zu fesseln, wenn Sie genau wissen, daß seine Information für Sie wichtig ist. Der andere wiederum verleitet Sie zum Lesen seiner Kurzgeschichte, obwohl Sie die Zeit dazu im Moment gar nicht übrig hatten!

Diese Kraft der Konzentration ist mehr, als man zunächst annimmt. Besonders, wenn jemand einen wesentlichen Inhalt mit der Kraft der Konzentration weitergibt: Wie leicht fällt es ihm doch, andere zu beeinflussen! Wie schnell kann er Ihnen klarmachen, daß seine Ideen gut sind! Wie sicher verhandelt er und wie schnell merkt man, daß man es hier mit einer Persönlichkeit zu tun hat!

Welche Rolle aber spielt nun die Konzentration bei diesem Erfolg?

Meistens gehen wir davon aus, daß die Konzentration irgend etwas mit Nachdenken oder Lernen zu tun hat. Dies aber stimmt nur bedingt: *contraho* (lat.; von dem das Wort hergeleitet wird) heißt *zusammenziehen, sammeln, (auf sich) vereinigen.* Ein Mensch, der die Kraft der Konzentration besitzt, versteht es also,

> seine Energien auf das, was er gerade tut, zusammenzuziehen; sie zu sammeln und in dieser Tätigkeit zu vereinigen!

Deswegen wird so ein Redner immer ankommen! Deswegen werden Sie die Worte eines solchen Briefeschreibers immer aufmerksam lesen! Und deshalb wird man das Kunstwerk oder Bild eines solchen Künstlers auch Jahrhunderte später noch bewußt betrachten. Es ist, als ströme ein Teil dieser *geheimnisvollen Kraft* noch später von der fertigen Arbeit aus. Der Zuhörer, der Leser, der Bewunderer des Kunstwerkes fühlen sich nach dem Genuß *hellwach, angeregt und energiegeladen bzw. aktionsbereit!*

Natürlich gilt dies nicht nur für die Künste, sondern für jede Art von Tätigkeit, sei dies nun

- ☐ Nachdenken
- ☐ Planen
- ☐ Anweisungen geben
- ☐ Geschirrspülen
- ☐ Routinearbeiten

etc.

Also vom Entwerfen der ersten Baupläne für eine neue Schule bis hin zum letzten Pinselstrich des Malers.

Haben Sie schon einmal überlegt, warum die Bauwerke, Statuen, Tempel oder Höhlenmalereien der Alten so eine ungeheure Faszination auf uns ausüben? Hier wurde wirklich jeder Handgriff von jener Konzentration begleitet. Von der Planung bis zum letzten Polieren des fertigen Werkes lebten die Schaffenden in diesem Stadium intensivster Konzentration!

Wie aber können Sie persönlich diese ungeheure Kraft der Konzentration in sich entwickeln lernen? Ganz einfach: Indem Sie es lernen, Ihre Hauptnummer zu maximieren!

Nehmen wir Wolfgang Wein als Fallbeispiel. Seine Schicksalsnummer ist eine 5, seine Namensnummer, wie Sie ja bereits wissen, eine 1. Als Hauptnummer hat er *für den Beruf die 1, privat aber die 5* gewählt. Warum? Weil er sagt, daß die 1 ihm beruflich nähersteht, wenn er die vielen Fünfer-Tendenzen unter Kontrolle bringen kann (s. Kapitel 9, Fallbeispiel). Privat aber möchte er dann gerade diese Fünfer-Aspekte ausleben dürfen. Somit will er beruflich die Nummer 1 maximieren. Was tut er?

Er plant seine Vorhaben so, daß die Nummer 1 so oft wie möglich dabei ›untergebracht‹ wird. D. h., Termine legt er, wenn es geht, auf einen 1., 10., 19. oder 28. eines Monats. Besprechungen auf 10.00 Uhr oder ›ein‹ Uhr. Abendtreffen auf 19.00 Uhr.

Wenn er die Wahl unter einigen Personen, Firmen oder Markenartikeln hat, die er alle noch nicht kennt, zählt er sie aus und wählt einen Einser, statt ›irgendeinen‹ zu nehmen. Wenn die Person, Firma oder Marke jedoch bereits feststeht, zählt er sie aus und versucht, sich, so weit wie möglich, auf das Resultat seiner Analyse einzustellen.

Kindisch? Albern? Oder weise?

Überlegen Sie einmal, warum diese Maximierung seiner Nummer ihm Erfolg bringt:

1. Er überlegt genau, ehe er etwas beginnt. Natürlich beginnt er nur mit diesen ›numerologischen‹ Gedanken. Weil er aber hier plant und vorsorgt, fallen ihm noch andere Dinge ein, die wichtig sind und mit in Betracht gezogen werden müssen. Dadurch ist er besser vorbereitet als jemand, der ›irgendwann‹ mit ›irgendwem‹ und ›irgendwo‹ beginnt.

2. Dadurch, daß er sich bemüht, Termine auf ein bestimmtes Datum bzw. auf eine bestimmte Tageszeit zu legen, wirkt er wesentlich *bestimmter* auf den jeweiligen Gesprächspartner. Er kann also gar nicht wischi-waschi wirken. Außerdem merkt der andere, daß Wolfgang Wein ein Mensch ist, der plant und zielgerecht vorgeht. Das vermittelt ihm nicht nur einen positiven Eindruck, sondern gibt ihm das Gefühl, daß Herrn Weins Zeit wertvoll ist. Dies wiederum hilft ihm gezielter und planmäßiger vorzugehen. Denn: Wenn ich merke, daß der andere seine Zeit nicht einteilt, dann neige ich mehr dazu, seine Zeit zu verschwenden. Im anderen Falle aber fasse ich mich kürzer.

3. Das Vorausplanen als solches ist eine positive Tätigkeit, in der ich mich bewußt mit mir, meiner Situation und meinen Zielen auseinandersetze. Herr Wein muß sich fragen: *Was will ich eigentlich erreichen?,* wenn er versucht, seinen Erfolg (numerologisch) zu erplanen. Dies aber zwingt ihn zu wissen, wo sein Ziel liegt. (Ca. 80 % der Leute, die immer am Erfolg vorbeigehen, wissen gar nicht, wo sie wirklich hinwollen!)

4. Selbst wenn das Auszählen des Partners eine falsche Bewertung ergeben würde, macht das nichts. Herr Wein wird ihn aufmerksamer beobachten und zielgerecht suchen, weil er weiß, wonach er schaut. Deshalb wird er den anderen automatisch schneller einstufen können, was ihm wiederum hilft, besser auf ihn einzugehen. Wieder ist die Gefahr des ›Wischi-waschi‹-Verhaltens gebannt. Wieder wirkt Wein positiv auf den anderen!

Sie sehen also: Ob nun die Numerologie ›Ding an sich‹ oder nur das ›Vehikel zum Erfolg‹ darstellt, bleibt sich in der Wirkung völlig gleich. Denn: Wenn man einige Wochen lang numerologisch plant, kann man die Numerologie eines Tages wieder vergessen: Das Planen, Vorausschauen, Ziele formulieren und auf den anderen Eingehen haben Sie dadurch gelernt. All dies aber hilft Ihnen automatisch, *Ihre Energien auf das, was Sie gerade tun, zusammenzuziehen*. Und dieser Tatbestand ist es doch, der Sie letzten Endes zum Erfolg führt!

VIERTER TEIL

# Anhang

## Was ist Numerologie?

Seit der Mensch denken kann, hat er versucht, sich und die Welt um ihn herum zu verstehen bzw. sogar gewisse Ereignisse vorauszuberechnen.

Eines der ältesten Systeme ist das der Astro-Numerologie: eine Kombination von Sternkunde, verbunden mit noch älteren Versuchen numerologischer Deutung. Früher dienten diese Wissenszweige fast ausschließlich der Weissagung. Sie wurden nur von Fachleuten gehandhabt, die man einerseits fürchtete, andererseits mit hohen Ehren überhäufte.

Schon in den ältesten Schriftstücken dieser Erde finden sich Hinweise auf diese Künste, sei es nun bei den Babyloniern, Juden, Japanern oder Chinesen.

Obwohl viele Völker unabhängig voneinander forschten, stimmen doch ihre Ergebnisse weitgehend überein, sowohl in der Numerologie, als auch in der Astrologie.

Ursprünglich waren die beiden ein Wissenszweig, aber bereits ca. 4000 bis 2000 v. Chr. wurde das Gebiet so umfangreich, daß man es in zwei einteilte. Allerdings finden wir noch bis ins hohe Mittelalter viele Astrologen, die ihre Aussagen noch numerologisch verstärkten und untermauerten. Außerdem bleibt auch heute noch jeder Nummer ein Himmelskörper zugeteilt (Kapitel 2), so daß man die Schwingungen der Nummer auf diesen Einfluß zurückführen kann.

In der Neuzeit stellte man fest, daß alle numerischen Systeme auf zwei Entwicklungen zurückgehen, die nicht mehr so parallel verlaufen: Auf das System des Pythagoras (der mit den Nummern 1–9 arbeitete) und das sog. Cheiro*-System, das höchstwahrscheinlich aus der Kabbala entnommen wurde. Dieses System scheint mir für indogermanische Sprachen weniger geeignet, schon weil viele der ursprünglichen Laute, denen die Werte zugeordnet waren, in unseren Sprachen nicht vorhanden sind, manche unserer Laute aber dort nicht existieren. Das Cheiro-System arbeitet ohne die Ziffer 9, da diese ursprünglich Lauten zugeteilt war, die es bei uns nicht gibt.

Pythagoras, der die Numerologie in Ägypten lernte und dann systematisierte und überprüfte, bestand auf der Meinung, daß man nicht einfach eine Ziffer auslassen könne. Er meinte, für semitisch-hamitische Sprachen sei das andere System vielleicht voll anwendbar, für unsere Sprachen (inkl. Griechisch) jedoch nicht. Interessanterweise begründet Cheiro die Weglassung der 9 damit, daß dies eine heilige Zahl sei, die bei der Auszählung von Menschlichem nicht angewendet werden dürfe. Dies ist m. E. eine unhaltbare Aussage, da auch er die 9 in der Auswertung berücksichtigt. Hier ein Vergleich (die auf Seite 10

Cheiro

| 1 | 2 | 3 | 4 | 5 | 6 | 7 | 8 |
|---|---|---|---|---|---|---|---|
| Ⓐ | Ⓑ | Ⓒ | Ⓓ | Ⓔ | U | O | F |
| I | Ⓚ | G | Ⓜ | H | V | Z | P |
| Ⓙ | R | Ⓛ | T | Ⓝ | W | | |
| Q | | S | | X | | | |
| Y | | | | | | | |
| 1 | 2 | 3 | 4 | 5 | 6 | 7 | 8 |

* Cheiro = Count Louis Hamon, 1866–1936

Pythagoras

| | | | | | | | | |
|---|---|---|---|---|---|---|---|---|
| 1 | 2 | 3 | 4 | 5 | 6 | 7 | 8 | 9 |
| A | B | C | D | E | F | G | H | I |
| J | K | L | M | N | O | P | Q | R |
| S | T | U | V | W | X | Y | Z | |
| 1 | 2 | 3 | 4 | 5 | 6 | 7 | 8 | 9 |

Seite 110 mit einem Kreis versehenen Nummern-Buchstabenwerte sind mit Pythagoras' System identisch):
Sie sehen also, daß bei Cheiro die 9 *nur beim Auszählen fehlt*. Wenn aber ein Name die Zahl 54 ergibt, dann wird die Quersumme doch eine 9. Also ist sie in seiner Auswertungsskala enthalten.

Wir benützen durchgängig das Pythagoras-System. Wer sich jedoch für das andere interessiert, sei auf das Literatur-Verzeichnis hingewiesen.

Das Zuteilen eines numerischen Wertes bei Buchstaben ist schon sehr alt. Im folgenden finden Sie eine Aufstellung des arabischen Alphabets mit den Nummern, die die einzelnen Buchstaben im klassischen Schrifttum hatten. Diese Nummern wurden nicht nur in der Mystik, sondern sogar zum Zählen verwendet, ehe die Araber Ziffern hatten. Übrigens stammt unsere Leseart zweistelliger Zahlen aus dem Arabischen: Wir lesen acht-und-zwanzig, d. h., wir lesen die Zahl von rechts nach links (28), obwohl wir normalerweise von links nach rechts lesen. Dies kommt aus dem Arabischen, wo zwar alles von rechts nach links geschrieben und gelesen wird, Ziffern jedoch andersherum geschrieben werden (wegen der Arithmetik), man sie jedoch gewohnheitsmäßig von rechts nach links ausspricht! Im Englischen oder Französischen z. B. sagt man zwanzig-acht!
Natürlich sind die Namen der Buchstaben nur ungefähre

| Buchstabe | Name | Wert* | Buchstabe | Name | Wert* |
|---|---|---|---|---|---|
| ا | alif | ① | ب | ba | ② |
| ت | ta | 400 | ث | tha | 500 |
| ج | ǧim | 3 | ح | ḥa | ⑧ |
| خ | ḣa | 600 | د | dal | ④ |
| ذ | ḏal | 700 | ر | ra | 200 |
| ز | zay | 7 | س | sin | 60 |
| ش | shin | 300 | ص | ṣad | 90 |
| ض | ḍad | 800 | ط | ṭa | 9 |
| ظ | ẓa | 900 | ع | ʻain | 70 |
| غ | ġain | 1000 | ف | fa | 80 |
| ق | qaf | 100 | ك | kaf | ⑳ |
| ل | lam | ㉚ | م | mim | ㊵ |
| ن | nun | ㊿ | ه | ha | 5 |
| و | waw | 6 | ي | ya | ⑩ |

eingekreiste Werte sind noch heute erhalten

Wiedergaben besonders der Laute, die in unserer Sprache nicht vorhanden sind. Aber Sie sehen bereits, daß schon damals manche Laute dieselben Werte hatten wie heute.

Wollen wir uns nun kurz der Frage zuwenden: Ist das alles nun ›Humbug‹ oder könnte doch etwas daran sein?

Da die Numerologie sich mit der Astrologie entwickelt hat, und da alle ihre Deutungen nach wie vor auf astrale Einflüsse zurückgehen, die den einzelnen Nummern zugeschrieben werden, müssen wir uns kurz mit der Astrologie auseinandersetzen, wenn wir eine Basis für eine Beurteilung des Systems finden wollen.

## Der Einfluß der Gestirne

Wir wissen, daß die Himmelskörper das All mit solcher Präzision durchwandern, daß sie auch in Tausenden von Jahren weniger als eine Minute von ihrem originalen ›Pfad‹ abweichen. Daher kann es uns nicht erstaunen, daß astrologische Einteilungen, in Urzeiten festgehalten, noch heute stimmen. Wußten Sie z. B., daß die Alten vor 2000 Jahren bereits das Erscheinen der Äquinoktien* errechnet hatten, eine Erscheinung, die nur alle 25,827 Jahre einmal eintritt? Und daß die moderne Astronomie (die sich aus der Astrologie entwickelt hat) dies erst vor kurzem beweisen konnte?

Wie aber kamen die Alten darauf, daß es direkte Beziehungen zwischen Himmelskörpern und Lebewesen oder Klimaveränderungen auf der Erde geben könnte? Auch diese Frage läßt sich heute wissenschaftlich angehen: Es streitet heute niemand mehr ab, daß der Mond einen sehr starken Einfluß auf uns ausübt. Wie Sie wissen, verursacht er Ebbe und Flut, d. h., sein Einfluß ist besonders ausgeprägt bei *Wasseransammlungen.* Da aber nun der menschliche Körper zu 70 % aus Wasser besteht (Wasser im Blut, im Urin und in den Geweben, die unsere Organe bilden), leuchtet es ein, warum der Mondeinfluß auf den Menschen beachtlich sein kann. Was früher umstrittene Theorie war, wurde inzwischen von Wissenschaftlern (bes. im Bereich der Medizin) hinreichend bewiesen (vgl. Literaturverzeichnis Nr. 3, 10, 11, 12, 17, 23, 27, 31, 32, 42). Kranke reagieren noch stärker auf die Mondschwingungen, da ihre Widerstandskraft geschwächt ist.

Wenn wir nun bedenken, daß der Mond (nach Merkur) der zweitkleinste Himmelskörper in unserem Sonnensystem ist, dann verstehen wir auch die Hypothese, daß die größeren Gestirne u. U. noch einen weitaus stärkeren Einfluß auf uns haben können. Denken Sie nur einmal daran, wie die Sonne unsere Gesundheit und Stimmung verändern kann. Den prägenden Einfluß sehen Sie am besten, wenn Sie ausgesprochene Süd-

---

* Präzession des Frühlingspunktes

völker (mit viel Sonne) mit Nordvölkern vergleichen. Wie unterschiedlich sich doch Sonnenmenschen (z. B. Mexikaner) von Sonnendefizitmenschen (z. B. Skandinavier) entwickelt haben!

Wenn wir also akzeptieren, daß sowohl der Mond als auch die Sonne einen ungeheuren Einfluß auf uns ausüben können, warum fällt es dann so schwer zu glauben, daß auch andere Himmelskörper gewisse ›astrale Schwingungen‹ besitzen, die uns zu beeinflussen vermögen? Bitte vergleichen Sie einmal die Größe dieser Gestirne (in Meilen, Durchmesser:)

| | |
|---|---|
| Merkur | 2 000 |
| Mond | 2 100 |
| Mars | 4 913 |
| Venus | 7 510 |
| Erde | 7 913 |
| Uran(us) | 33 000 |
| Saturn | 71 900 |
| Jupiter | 88 390 |
| Sonne | 860 000* |

* Lit.-Verz. Nr. 9, S. 19

Wenn wir jedoch zugeben, daß solche Einflüsse vielleicht stattfinden, dann ist es nur noch ein kleiner Schritt, den Augenblick der Geburt berechnen zu wollen. Oder, wie in unserer numerologischen Tagesanalyse, S. 128 ff., die astralen Schwingungen bestimmter Tage auszuwerten, um *mit* diesen Schwingungen statt gegen sie zu leben.

Vielleicht leuchtet uns die Forderung der Alten mehr ein:

> Der Mensch kann nur so lange harmonisch mit sich und seiner Umwelt leben, solange er sich in Harmonie mit den großen Strömungen des Universums befindet.

Heute wissen wir, daß ein einzelnes Neuron (Nervenzelle) ein Mini-Universum darstellt. Sollte ein Partikelchen dieses Mikrokosmos gegen die Strömungen seines »Universums arbeiten wollen, so würde dies ein Chaos innerhalb der Zelle verursachen.

Sollte die Erde, die ja nur ein Partikelchen des riesigen Universums (deren es womöglich viele gibt) gegen die Strömung ihres Makrokosmos reisen wollen, würde dies ein Chaos innerhalb unseres Sonnensystems oder gar Universums geben.

Warum aber fällt es uns so schwer zu akzeptieren, daß auch der Mensch nach gewissen Schwingungen oder ›Strömungen‹ leben sollte, und daß Disharmonie, Unordnung, Chaos, Verwirrung (vielleicht sogar, wie die Japaner, Chinesen, Hindus u. a. glauben, Krankheit) eine Folge davon sind, daß der Mensch eben gegen diese Strömungen zu ›schwimmen‹ versucht?

Meines Erachtens bleibt es sich relativ egal, welches *System* jemand verwendet, um diese Harmonie zu finden. Ob im Bereich der Religion, der Mystik, des Okkulten oder der Wissenschaft. Wesentlich ist lediglich, daß er nicht gedankenlos in den Tag hineinlebt, daß er nicht Raubbau treibt, daß er sich Gedanken macht, wer er ist und was er zu erreichen trachtet. Denn ich glaube, daß der suchende Mensch die Harmonie auch finden wird; vielleicht weil wir alle im tiefsten Inneren unseres ›Ich‹ noch vage Erinnerungen an Urzeiten haben, als der Mensch diese Harmonie mit sich und der Natur einmal besessen haben muß.

Vielleicht ist die Numerologie ein Vehikel, um diese Harmonie zu erreichen. Viele Numerologen sowie Tausende und Abertausende von Anhängern in den angelsächsischen Ländern glauben es.

Um sich ein Bild von dieser ›Wissenschaft‹ zu machen, muß man sie ein wenig näher kennenlernen. In Kapitel 9 sahen Sie bereits, wie sehr die Zusatzanalyse des magischen Quadrates die ursprüngliche Grundauswertung der Kapitel 5 bis 8 verändern kann. Es gibt noch weitere Zusatz-Analysen, die mehr Information bieten. Erst wenn man diese ein wenig durchgearbeitet hat, kann man sich entscheiden, ob man das System der Numerologie als Spiel und Spaß, oder aber als Vehikel zu mehr Harmonie oder zum Erfolg verwenden möchte.

Im folgenden finden Sie deshalb:
Partnerschafts-Nummern
Monogramm-Analyse: Ihre Balance-Nummer, eine Prise Extra-Einfluß
Detail-Analyse: Zweistellige Zahlen
Tages-Analyse: Der heutige Tag

Was im Rahmen dieses Ratgebers keinen Platz mehr hatte, sind weitere Zusatzanalysen, wie z. B.
Vokal-Analyse: Ihr ›heimliches‹ Ich
Konsonanten-Analyse: Ihr Seelenporträt
Jahresvoraussagen
Zyklen
Bedeutung von Haus-, Telefon- und anderen Nummern
u. v. a.
Dem Interessierten sei das Lit.-Verz. Seite 138 f. nahegelegt. (Bes. Nr. 9, 16, 24, 25)

# Zusatzanalysen

## Numerologische Partnerschafts-Kombinationen

Genauso wie Astrologen voraussagen, welches Tierkreiszeichen sich mit welchem besser oder schlechter vertragen wird, gibt es numerologische Deutungen. Ausgehend von der Namensnummer des gesamten Namens, gelten folgende Aussagen:

### Nummer 1: Partner-Numerologie

Beste Partner für Sie sind die 2 und die 6, weil beide leicht mit Ihnen harmonisieren können.

Dreier und Vierer können gute Partner für Sie sein, wenn Sie es lernen, nicht zuviel vom anderen zu fordern.

Fünfer- oder Siebener-Partnerschaften mit Ihnen werden wahrscheinlich nicht sehr tief werden.

Vorsicht bei Achtern oder Neunern bzw. bei anderen Einsern: Solche Ehen bzw. Partnerschaften neigen zu stürmischen Streitigkeiten, was beide Partner gleichermaßen unglücklich machen würde.

## Nummer 2: Partner-Numerologie

Sie kommen mit jedem numerologischen Partner gut zurecht, weil Sie gut auf andere einzugehen vermögen. Allerdings weist die Erfahrung auf beste Partnerschaft mit einer 2, 4 oder 6 hin.

Wenn eine Neigung besteht, sich führen zu lassen, wäre eine 8 günstig.

Gut sind eine 3 oder 5, wenn der andere von Ihnen begeistert ist.

Vorsicht bei der 7 oder 9. Hier liegt ein mögliches Risiko: So eine Partnerschaft kann nur gutgehen, wenn beide Partner sich ständig große Mühe geben.

## Nummer 3: Partner-Numerologie

Bei Ihnen liegt die Sache etwas problematisch: *Sie selbst* könnten mit jeder anderen ›Nummer‹ glücklich werden, aber nicht jede ›Nummer‹ kann einen Dreier akzeptieren. Daher kann es Ihnen passieren, daß Sie den einen oder anderen Partner, der Sie sehr interessieren würde, nicht gewinnen.

Beste Chancen haben Sie mit einer 1, 5, 8 oder einer anderen 3.

Bei Ihnen sollte die vorherige Prüfung besonders genau gewesen sein, ehe Sie sich endgültig binden.

## Nummer 4: Partner-Numerologie

Beste Partner sind die 4, 7 oder 9, d. h. Partner, die das Leben genauso ernst nehmen wie Sie.

Zweier und Sechser sind sehr günstig, wenn diese ihre fast überromantischen Züge im Zaum halten können.

Einser und Achter geben gute Partner für Sie ab, wenn diese nicht zu aggressiv sind.

Vorsicht bei Dreiern und Fünfern. Diese wirken auf Sie häufig nicht ernst genug, leichtfertig oder gar oberflächlich (selbst wenn dies nicht der Fall ist). Daher gäbe es hier Gefahren für eine Partnerschaft.

## Nummer 5: Partner-Numerologie

Ideal ist meist ein anderer Fünfer. Dieser gibt zwar eine stürmische, gelegentlich aber tief erfüllende Partnerschaft.

Zweier, Dreier oder Sechser sind gute ›Nummern‹, wenn diese mit der in Ihrem Leben ausgeprägten zeitweisen finanziellen Unsicherheit auskommen können? Der Dreier, weil er Ihnen ähnlich ist, der Zweier oder die 6, weil diese Sie verstehen.

Siebener oder Achter können gute Partner für Sie sein, wenn der andere Ihre Talente besonders schätzt.

Vorsicht bei einer 1, 4 oder 9. Nur ein Wunder kann solche Partnerschaften harmonisch gestalten.

## Nummer 6: Partner-Numerologie

Ideal ist für Sie eine 6 oder 2.

Auch gut eine 3 oder 5, wenn der andere seine Tendenz, in den Tag hineinzuleben, abzuschwächen vermag.

Mit der 4 wird es Konflikte geben, die jedoch glücklich gelöst werden können, wenn Sie beide sich echt bemühen, einander wirklich zu verstehen und aufeinander einzugehen.

Auch mit einer 1 oder 8 könnten Sie sich gut ergänzen, obwohl die beiden voneinander sehr verschieden sind; da jeder von ihnen sich mit anderen Schwerpunkten Ihres Wesens zu ergänzen vermag.

Mit einer 9 müssen Sie weitgehend bereit sein, nachzugeben.

Vorsicht bei der 7: Die Unterschiede ergänzen sich (hier) nicht harmonisch. Hier müßte einer der beiden Partner sich sehr verändern, was unwahrscheinlich ist.

## Nummer 7: Partner-Numerologie

Beste Partner für Sie: die 4, 7 oder 9, da diese Ihnen im Temperament am ähnlichsten sind.

Möglich: 3 und 5; aber solche Partnerschaften werden viele Stürme erleben.

Vorsicht bei 2 oder 6, da so ein Partner unter Ihrer Schwierigkeit, Gefühle auszudrücken, zu sehr leiden könnte.

Besonders Partnerschaften zwischen Ihnen und einer 1 oder 8 tendieren zur Oberflächlichkeit. Sie würden weniger miteinander, als harmonisch aneinander vorbei leben.

## Nummer 8: Partner-Numerologie

Eine 2 wäre ein idealer Partner für Sie, wenn er auf Ihr vielerlei Wechseln auf neue Interessengebiete eingehen kann, weil er sich immer bemühen wird, Harmonie herbeizuführen.

Partnerschaft mit einer 4, 7 oder 9 zeigt die Tendenz, daß möglicherweise die Gefühle beider Partner zu kurz kommen.

3 oder 5 sehr günstig, wenn beide Partner hier und da nachzugeben bereit und fähig sind.

6 ist auch günstig, weil er die Inkonsistenz einer Partnerschaft mit Ihnen akzeptieren kann.

Vorsicht bei 1 oder 8: Hier ist eine ausgeprägte Tendenz zu Streit vorhanden, weil keiner nachgeben will und diese beiden Ihnen in Ihren aggressiven Tendenzen zu ähnlich sind.

## Nummer 9: Partner-Numerologie

Beste Partner sind für Sie eine 4, 7 oder 9. Hier liegt Ihr Potential für tiefes, anhaltendes Glück.

2 ist nicht so günstig, da sie unter dem Fehlen von Zärtlichkeit zu sehr leiden würde.

3, 6 oder 8 sind gut, wenn Sie beide sich Mühe geben.

1 oder 5: Es wird u. U. sehr viel Krach geben. Mit dem Einser, weil er Ihnen in Ihren ungünstigeren Punkten zu ähnlich ist, und mit dem Fünfer, weil er Ihnen in entscheidenden Punkten zu unähnlich ist.

# Zusatznummern

*Nummer ihres Monogramms*

Zählen Sie Ihr Monogramm aus: Die Anfangsnummern Ihres Namens ergeben eine Balancenummer, deren Einfluß man auswerten kann. Diese Auswertung soll einen Extraeinfluß darstellen, ähnlich dem Salz, das zwar sparsam gebraucht wird, aber einer Speise erst ihren charakteristischen Geschmack gibt. Ihre Balancenummer kann einen stabilisierenden Einfluß darstellen.

Zum Beispiel:

Wolfgang Wein: Anfangsbuchstaben: W und W. Das gibt zweimal die 5. Da aber 5 + 5 zehn ist und dies wieder eine 1 wird, sehen wir hier, daß der Einser-Einfluß dieses Namens-Einsers noch verstärkt wird. Anders bei Lyndon Baines Johnson (Namens-Vier), dessen Monogramm L. B. J. eine Balancenummer von 6 ergibt.

Wie lautet Ihre Balancenummer? Hier eintragen:

| |
|---|
| |

Welchen Einfluß haben die einzelnen Balancenummern?

**Monogramm-Nummer 1**

Sie fügt eine extra ›Prise‹ Zielstrebigkeit und Zivilcourage hinzu. Das kann den Konservativen etwas unternehmungslustiger, den Abenteurer jedoch etwas leichtsinniger machen.

**Monogramm-Nummer 2**

Sie wirkt als zurückhaltendende Tendenz. Das kann den Konservativen noch fester in seiner Meinung machen, den Nonkonformisten etwas konventioneller denken lassen. Dem Schüchternen gibt sie noch mehr Zurückhaltung, dem mit der ›spitzen Zunge‹ jedoch ein wenig mehr Taktgefühl.

**Monogramm-Nummer 3**

Sie fügt eine ›Prise‹ Fröhlichkeit und Originalität hinzu. Ein positiver Einfluß auf ernste Naturen kann jedoch negativ sein, wenn die Person sowieso schon dazu neigt, alles ›auf die leichte Schulter‹ zu nehmen.

**Monogramm-Nummer 4**

Sie fügt etwas mehr Effizienz und Praxis-Orientiertheit hinzu. Besonders hilfreich als Einfluß für jene, die zu sehr zum Tagträumen neigen. Etwas negativer jedoch für die, die sowieso schon sehr pragmatisch in ihrer Art sind.

### Monogramm-Nummer 5

Sie schwingt mit der ›Freiheit des Geistes‹ – ein echter Aufschwung für jene, die dazu neigen, sich durch die Angst vor Konventionen zu gebunden zu fühlen. Allerdings eine Verstärkung des Unsoliden für die Abenteurer und Globetrotter!

### Monogramm-Nummer 6

Sie fügt ein wenig zusätzlichen Ernst bei. Positiv beim impulsiven, leichtsinnigen Menschen, negativ jedoch bei denen, die sowieso schon zu ernst oder konservativ in ihrer Einstellung sind; hier ergibt die Tendenz einen Hang zum Grübeln.

**Monogramm-Nummer 7**

Sie schwingt mit Perfektion! Dieser Einfluß kann dem weniger Zuverlässigen eine wahre Hilfe bedeuten, macht aber den besonderes genau arbeitenden Personen das Leben etwas schwerer: Sie neigen nun dazu, zu selbstkritisch zu sein.

**Monogramm-Nummer 8**

Fügt eine Prise Ehrgeiz hinzu. Hilft denen, die dazu neigen, in den Tag hineinzuleben; erschwert aber dem Ehrgeizigen das Leben, wenn er sich nicht vor Superehrgeiz und Strebertum hütet.

**Monogramm-Nummer 9**

Schwingt mit Inspiration und ›hohen Gefühlen‹. Ein positiver Einfluß auf die, die zum Egoismus neigen, ein negativer auf Idealisten und Träumer, da sie sich vielleicht noch mehr in irgendwelche Ideen verrennen können.

## Nummern-Kombination
(zweistellig)

*Detail-Analyse: Zweistellige Zahlen*

Obwohl die numerologische Auswertung im allgemeinen nur noch mit den einstelligen Ziffern erarbeitet wird (Ausnahme: der Tag der Geburt, Kapitel 3), gelten gewisse zweistellige Kombinationen seit jeher als besondere Nummern, denen spezielle Bedeutungen zukommen.

Wenn Ihre Schicksals- oder Namensnummer über eine der folgenden Kombinationen errechnet wurde, lesen Sie die nachfolgende Auswertung. Numerologen meinen, daß Sie günstige Kombinationen wenn möglich verstärken sollten; ungünstigeren jedoch aus dem Wege gehen sollten. Denken Sie vielleicht beim Loskauf oder bei anderen Glücksspielen daran. Vielleicht hilft es Ihnen, eine glückliche Nummer zu finden.

### Nummer 11

Diese Nummer soll vor unerwarteten Problemen oder Schwierigkeiten warnen. Also: Gut planen und vorher durchdenken, ehe man Neues beginnt.

### Nummer 12

Diese Nummer soll einen besonders starken Einfluß in Richtung Naivität oder Leichtgläubigkeit darstellen.

### Nummer 17

Diese Nummer wird mit finanziellem Glück assoziiert sowie mit Weisheit in Geschäftsdingen. Dies soll in ganz besonderem Maße auf die Namens-Vierer und Achter zutreffen!

### Nummer 19

Diese Nummer unterliegt besonders glücklichen Schwingungen; auch in Richtung auf Erfolg durch Leistung.

### Nummer 22

Diese Nummer soll vor Impulsivität und schlechten Urteilen warnen, besonders die Namens-Vierer.

### Nummer 23

Diese Nummer wird mit Gefahr durch unmoralisches Verhalten assoziiert. Besonders die Namens-Fünf könnte davon betroffen bzw. von solchen Menschen angezogen werden.

### Nummer 34

Große Vorsicht ist geboten. Voreiliges Handeln kann in Schwierigkeiten bringen.

### Nummer 38

Diese Nummer soll vor Instabilität und Nervosität warnen. Den Namens-Zweiern sollte sie besonders als Warnung vor körperlichen Verletzungen dienen.

### Nummer 46

Diese Nummer soll auf Erfolg mit Problemen hinweisen, d. h. daß eine Sache erst erfolgreich verläuft, dann aber Probleme nach sich ziehen kann, wenn nicht alles vorher genau überprüft wurde.

### Nummer 53

Sie deutet auf Mut und Ruhm hin. Besonders bei Namens-Achtern.

### Nummer 59

Diese Nummer wird mit Schutz vor körperlichen Problemen assoziiert sowie Schutz vor Krankheiten.

### Nummer 60

Gute Kondition und gute Laune sollen durch diese Nummer in Ihr Leben gebracht werden.

### Nummer 63

Warnt vor Verschwendung, nutzlosen Tagträumen und sinnlosen Fantastereien, besonders bei Namens-Neunern.

## Tagesanalysen

Wenn die Schicksalsnummer einen gewissen Einfluß auf Ihr Leben ausüben kann, so doch nur, weil der Tag, an dem Sie geboren sind, gewisse Schwingungen hat. (Siehe auch Beginn des Anhangs, Der Einfluß der Gestirne, S. 111.) Solche Schwingungen hat natürlich nicht nur der Tag, an dem Sie geboren sind, sondern jeder Tag. Deshalb kann man jeden einzelnen Tag numerologisch analysieren, um festzustellen, wofür er besonders geeignet ist.

So wird's gemacht: Sie addieren –

- ☐ den Tag Ihrer Geburt
- ☐ den Monat Ihrer Geburt
- ☐ das Jahr, in dem Sie den Stichtag analysieren wollen (also z. B. 1976, wenn Ihr Stichtag der 14. 07. 1976 ist)
- ☐ den Monat des Stichtages (im obigen Beispiel: 7)
- ☐ den Stichtag (im Beispiel: 14)

Hier ein Fallbeispiel: Ein am 26. 04. Geborener will den 21. 10. 1976 analysieren:

| | |
|---|---|
| Der Tag der Geburt | 26 |
| Der Monat der Geburt | 04 |
| Das Stichtagjahr | 1976 |
| Der Monat des Stichtages | 10 |
| Der Stichtag | 21 |
| Summe: | 2037 |

Davon die Quersumme:

$$2 + 0\ (2) + 3\ (5) + 7 = 12;\ 1 + 2 = 3$$

Also ist der 21. 10. 1976 für einen am 26. 04. Geborenen ein Dreier-Tag.

Rechnen Sie jetzt bitte den *heutigen Tag* als Ihren persönlichen Stichtag aus:

| | |
|---|---|
| heutiges Datum: | ________________ |
| Tag Ihrer Geburt | ________________ |
| Monat Ihrer Geburt | ________________ |
| Stichtagjahr | ________________ |
| Stichtagmonat | ________________ |
| Stichtag | ________________ |
| Summe: | ________________ |

Quersumme davon ist:

☐

Noch eine Quersumme nötig? Bitte hier eintragen:

☐

Jetzt können Sie nachsehen, was der heutige Tag für ein Tag ist.

## Wann nimmt man eine Stichtag-Analyse vor?

Es wäre zuviel, wollte man jeden Tag numerologisch berechnen. Aber es gibt Situationen, in denen eine Stichtaganalyse von Vorteil ist:

- ☐ Wenn Sie ein bestimmtes Vorhaben planen
- ☐ Wenn Sie etwas verloren haben
- ☐ Wenn Sie einen wichtigen Termin haben
- ☐ Wenn Sie etwas Neues beginnen

Oder aber: wenn Sie sich einmal bedrückt fühlen. Gerade an solchen Tagen ist man für Anregungen von außen sehr dankbar. Wenn Sie dann die Analyse lesen, werden einige Dinge Ihnen plötzlich wie ein ›Wink vom Himmel‹ erscheinen, weil Sie ja Ihre eigene Situation immer im Kopf haben, während Sie lesen. Also wird der eine oder andere Gedanke Ihnen helfen, oder aber eine Assoziation auslösen, die Ihnen weiterhilft.

Sie sehen also wieder: Selbst wenn man nicht ›daran‹ glaubt, kann es von Vorteil sein, die Stichtaganalyse vorzunehmen.

Ganz besonders gut ist eine Stichtaganalyse bei Niedergeschlagenheit. Denn: Aus solchen Stimmungen vermag allein Aktivität wieder herauszuhelfen. (Ausgenommen sind hier ausgesprochene endogene Depressionen, oder Depressionen als

Folge von Drogeneinnahme.) Nur fällt einem an solchen Tagen meist keine ›Aktivität‹ ein, in die man sich ›stürzen‹ möchte. Hier kann die Liste Ihres Stichtages enorme Hilfe leisten. Wenn Sie sie langsam und aufmerksam durchgehen, versuchen Sie sich vorzustellen, daß Sie das tun, was Sie lesen. Oft passiert es dann, daß die eine oder andere Tätigkeit als verlockend erscheint, obwohl man noch vor 10 Minuten meinte, man möchte nie wieder im Leben irgend etwas unternehmen.

Wenn es ganz besonders schlimm ist, machen Sie folgenden Versuch: Versprechen Sie sich, daß Sie 10 Minuten lang eine Tätigkeit aus der Liste durchführen. (Sagen Sie sich, daß Sie die 10 Minuten überleben werden; im Krieg gab es Schlimmeres.) Meistens vergessen Sie nach 10 Minuten, auf die Uhr zu schauen, weil Sie sich bereits etwas besser fühlen. Aber es hilft dabei, ›wieder in Gang zu kommen‹. Denn: Wenn Sie etwas tun, beginnt Ihr Körper, gewisse Chemikalien zu produzieren (z. B. Adrenalin), diese aber helfen Ihnen dann wiederum, aktiv zu bleiben.

Und so sind Sie dem Teufelskreis der inaktiven Depression entronnen!

## Analysen der Tagesnummern

### Ein Einser-Tag eignet sich besonders für:

Neue Anfänge
Neue Ideen
Streit schlichten
Neue Bekanntschaften
Neue Unternehmen im geschäftlichen Bereich
Verkaufen einer Idee (= Verhandeln)
Lohn- oder Gehaltsforderungen
Gespräche mit männlichen Angehörigen der Familie
Gespräche mit männlichen Geschäftsverbindungen oder Kollegen

Dinge, die man mit den Händen erschafft
Ehrgeizige Projekte anfangen oder weiterführen
Neuer Arbeitsbeginn (Stellung)
Neuen Kurs anfangen (Weiterbildung)
Komponieren
Reisen
Wettbewerbsteilnahme aller Arten
Neues einpflanzen
Sich um eine Rolle (Fim/Theater) bewerben
Spazierengehen
Ein neues Amt übernehmen
Verkaufen eines Produktes

*Tätigkeiten*
Brief schreiben
Aufräumen
Spazierengehen

**Ein Zweier-Tag eignet sich besonders für:**

Kooperative Prozesse aller Art

Jemanden um einen Gefallen bitten

Jemandem einen Gefallen erweisen

Diplomatie

Wenn Ihnen heute jemand ein Geheimnis anvertraut, hüten Sie dieses! Ein Ausplaudern würde Ihnen später mit Sicherheit schaden!

Keine neuen Sachen einkaufen

Ihrer Eingebung folgen

Gespräche mit weiblichen Familienmitgliedern

Gespräche mit weiblichen Geschäftsverbindungen oder Kolleginnen

Heiratsanträge erhalten oder machen

Gelder sammeln (für sich oder andere bzw. wohltätige Organisationen aller Art)

Gute (und taktvolle) Reden halten

Wirklich zuhören, wenn Ihnen jemand etwas erzählen will

*Tätigkeiten*

Kochen

Einkaufen

Bügeln

etwas lernen

**Ein Dreier-Tag eignet sich besonders für:**

Selbstverwirklichung
Positives Denken
Einer Gruppe beitreten
Mit Gruppen oder Organisationen arbeiten
Parties veranstalten oder an Parties teilnehmen
Öffentlichkeitsarbeit
Gute menschliche Beziehungen fördern
Dinge, die mit Kunst zusammenhängen
Spiel und Erholung
Bankkonto eröffnen
Sicherheiten (z. B. Pfandbriefe) einkaufen
Seinen Besitz überprüfen und/oder befestigen
Geschenke einkaufen
Manuskripte einsenden

*Tätigkeiten*
Zeichnen
Musizieren
jemanden anrufen
Lesen

**Ein Vierer-Tag eignet sich besonders für:**

Alles, was mit Bauen zusammenhängt
Vorwärtsstreben
Die Zukunft planen
Jetzige Freuden zugunsten späterer Vorteile opfern (z. B. weil man an einem Fernlehrkurs arbeitet)
Organisationsarbeiten aller Arten
Intellektuelle Projekte
Körperliche Anstrengungen vermeiden!
Grundsteine zu wichtigen Projekten legen
Schuldinge der Kinder erledigen (z. B. Anmeldung, Elternbeiratssitzung, Lehrer besuchen)
Garderobe überprüfen
Zuhause etwas (ein-)richten
Langfristige Verträge unterzeichnen
Gesundheit überprüfen (Arztbesuch fällig?)
Einen Safe mieten
Eine Partnerschaft beginnen
Mit Rohstoff- oder Minenaktien handeln.

*Tätigkeiten*
Wäsche/Reinigung erledigen
einen Leserbrief an die Zeitung schicken
einen detaillierten Plan aufstellen

**Ein Fünfer-Tag eignet sich besonders für:**

Viel Bewegung und Aktivität
Wenn etwas für heute Geplantes geplatzt ist, nicht verzagen!
Heute keine festen Pläne machen
(im Mai oder Oktober) günstige Zeit für Umzüge
Wechsel jeder Art
Vorsicht vor Streit
Unternehmungen (wie Theater/Kino u. ä.)
Feindseligkeiten beenden
Vorlesungen, Konzerte
Schriftstellerei und Briefeschreiben
Kurze Reisen (Tagestrips)
Wegen einer Rolle Vorsprache halten bzw. vorlesen
Differenzen mit den Kindern abklären
Neue Bekanntschaften
Friseur oder Schönheits-(Kosmetik)Salon
Erstes öffentliches Auftreten
Einen Fernlehrgang oder Volkshochschulkursus belegen

*Tätigkeiten*
Tagebuch beginnen oder fortsetzen
Aufräumen
etwas Um- oder Neuordnen

**Ein Sechser-Tag eignet sich besonders für:**

Glück und Zufriedenheit
Nichts verschwenden
Arbeitsteilungen
Verantwortungen übernehmen
Kulturelles
Weiterbildung für sich und/oder Familienangehörige planen
Gute zwischenmenschliche Beziehungen zu Familienangehörigen, Nachbarn und Freunden
Lernen und Lesen
Sich verlieben
Blumen pflegen
Mit Gruppen arbeiten
Heiratsantrag erhalten oder machen
Im Radio oder Fernsehen sprechen/auftreten
Alte Streitigkeiten beilegen bzw. schlichten
Kunst studieren
Modeberatung einholen

*Tätigkeiten*
Küche aufräumen
Einkaufen
Planen

**Ein Siebener-Tag eignet sich besonders für:**

Alleinsein
Ruhe/Erholung
Erfindungen aller Art
Familiäres abklären
Philosophische und/oder künstlerische Projekte
Entscheidungen für das weitere Leben treffen
Sich mit wichtigen Personen beraten
Ein Kind adoptieren
Psychische Phänomene studieren
Heiratspläne ausarbeiten
Gebet und Meditation
Häusliches regeln
Diät überprüfen bzw. anfangen
Skandale und Gerüchte vermeiden
Lesen

*Tätigkeiten*
Etwas abschreiben
ein Bad nehmen

**Ein Achter-Tag eignet sich besonders für:**

Das Erfüllen von materiellen Wünschen
Reichtum oder Macht zu erreichen
Geldangelegenheiten regeln
Von anderen imitiert zu werden
Jemandem helfen
Ihrer Eingebung folgen
Rat einholen
Ihre Autorität taktvoll durchsetzen
Helfende Organisationen unterstützen
In ein Amt gewählt (bzw. für ein Amt vorgeschlagen) zu werden
Arbeit suchen und finden
Freunde oder Familienangehörige besuchen
Ihre Diplomatie zu beweisen

*Tätigkeiten*
Brief schreiben
Saubermachen
Autowaschen

**Ein Neuner-Tag eignet sich besonders für:**

Ehrlichkeit!
Vitalität und Kreativität
Lange Reisen planen
Heute keine Kompromisse eingehen!
Heute ist ein besonders guter oder ein besonders schwacher Tag; heute gibt es keine Mittelwege
Telegramme oder Briefe absenden
Dienstleistungen aller Art
Das Okkulte studieren
Fehler wiedergutmachen
Geheimnisse und Vertrauensnachrichten aller Art
Helfen (aktiv!)
Die Öffentlichkeit für eine gute Sache begeistern
Sieg in einem Wettbewerb erringen
Kreative, künstlerische Arbeiten
Musik erleben

*Tätigkeiten*
Lesen oder Lernen
Etwas lange Überfälliges heute erledigen

# Literaturverzeichnis


1. **Agrippa, Cornelius** Occult Philosophie, *England, 1533*
2. **Aronoff, J.** Psychological Needs and cultural Systems, *New York, 1967*
3. **Asboga, Friedbert** Astromedizin, Astropharmazie + Astrodiätetik, *Memmingen, 1931*
4. **Bayer, Karl** Die Grundprobleme der Astrologie, *Leipzig, 1927*
5. **Birkenbihl, V. F.** Der persönliche Erfolg, *München, 1974*
6. **Birkenbihl, V. F.** Kommunikationstraining: Zwischenmenschliche Beziehungen erfolgreich gestalten, *München, 1975*
7. **Blofeld, J. (Übers.)** I Ching: The Book of Change *(Chinese Book of Divination), New York, 1968*
8. **Bristol, C. M.** The Magic of Believing, *New York, 1948*
9. **Cheiro** Cheiro's Book of Numbers, *New York, 1964*
10. **Dahns, F.** Die kosmische Ursache der Lebensentwicklung, *Augsburg, 1932*
11. **Düll, T. und B.** Über die Abhängigkeit des Gesundheitszustandes von plötzlichen Eruptionen auf der Sonne und die Existenz einer 27tägigen Periode in den Sterbefällen, *Virchow's Archiv, Nr. 293, 1934*
12. **Fox, H. M.** Lunar Periodicity in the Reproduction of centrechinus Setosus, *in: Royal Society of London, Series B, XVCm, 1921*
13. **Gauquelin, M.** L'Influence des Astres, *Paris, 1955*
14. **Gibson, B. + L. R.** The complete illustrated Book of psychic Sciences, *New York, 1966*
15. **Goodavage, J. F.** Write your own Horoscope, *New York, 1968*
16. **Goodmann, M. C.** Modern Numerology, *New York, 1968*
17. **Hartmann, W.** Die Lösung des uralten Rätsels um Mensch und Stern, *Nürnberg, 1950*
18. **Howard, V.** Secrets of mental Magic, *New York, 1969*
19. **Kellner, O.** Charakterkunde + Astrologie, *Leipzig, 1927*
20. **Klöckler, H.** Kursus der Astrologie, *Berlin, 1956*

21. **Klöckler, H.** Astrologie als Erfahrungswissenschaft, *Leipzig, 1927*

22. **Koch W. und Knappich W.** Horoskop und Himmelshäuser, *Göppingen, 1959*

23. **Krafft, K. E.** Traité d'Astro-Biologie, *Paris, 1939*

24. **Landscheidt, T.** Die astronomischen Radioquellen und ihre Auswirkung auf das solare und irdische Geschehen, *Hamburg, 1964*

25. **Lopez, V.** Numerology, *New York, 1961*

26. **Morin, J. B.** Astrologica Gallica, *1661*

27. **Müller, A.** Eine statistische Untersuchung astrologischer Faktoren bei dauerhaften und geschiedenen Ehen, in: Zeitschrift für Parapsychologie, *Bern, Mai 1968*

28. **Nabold, V.** Ennaratio Elementorum Astrologiae, *Coloniae, 1560*

29. **Petrie, J.** Seven Ways to tell Fortunes and predict the Future, *London, 1968*

30. **Ring, T.** Tierkreis + menschlicher Organismus, *Aalen, 1958*

31. **Ring, T.** Astrologie ohne Aberglauben, *Düsseldorf, 1972*

32. **Sardou, G. und Faure, M.** Les Taches solaires et la Pathologie humaine *in: La presse medicale, Nr. 18, 1927*

33. **Schwab, F.** Sternenmächte und Mensch, *Berlin, 1923*

34. **Schwabe, J.** Archetypus und Tierkreis, *Bern, 1951*

35. **Schwartz, J.** The Magic of psychic Power, *New York, 1968*

36. **Shimano, J.** Oriental Fortune Telling, *Tokio, Japan, 1956*

37. **Strauss-Kloebe, S.** Kosmische Bedingtheit der Psyche, *Weilheim, 1968*

38. **Truly, G.** Astrology: How to put the Stars to work for you, *New York, 1967*

39. **Ungern-Sternberg, O.** Die innerseelische Erfahrungswelt am Bilde der Astrologie, *Detmold, 1928*

40. **Ward, W. A.** How to be successful, *New York, 1968*

41. **Watts, A. W.** Psychotherapy East and West, *New York, 1961*

42. **Winkel, E. M.** Naturwissenschaft und Astrologie, *Augsburg, 1927*

43. **Young, F. R.** The Secrets of personal psychic Power, *New York, 1967*

# Register, alphabetisch geordnet